大夏书系·教育新思考

教育的细节

朱永通 著

华东师范大学出版社

全国百佳图书出版单位

图书在版编目（CIP）数据

教育的细节／朱永通著．—上海：华东师范大学出版社，2015.10
ISBN 978-7-5675-4236-5

Ⅰ．①教…　Ⅱ．①朱…　Ⅲ．①教育工作—文集　Ⅳ．① G4-53

中国版本图书馆 CIP 数据核字（2015）第 252406 号

大夏书系·教育新思考

教育的细节

著　　者	朱永通
策划编辑	李永梅
审读编辑	齐凤楠
封面设计	百丰艺术

出版发行　华东师范大学出版社
社　　址　上海市中山北路 3663 号　邮编　200062
网　　址　www.ecnupress.com.cn
电　　话　021‑60821666　　行政传真　021‑62572105
客服电话　021‑62865537
邮购电话　021‑62869887　　地址　上海市中山北路 3663 号华东师范大学校内先锋路口
网　　店　http：//hdsdcbs.tmall.com

印　刷　者　北京密兴印刷有限公司
开　　本　700×1000　16 开
插　　页　1
印　张　15
字　数　146 千字
版　次　2015 年 11 月第一版
印　次　2025 年 1 月第三十一次
印　数　131 101–133 100
书　号　ISBN 978‑7‑5675‑4236‑5/G·8747
定　价　49.80 元

出版人　王　焰

（如发现本版图书有印订质量问题，请寄回本社市场部调换或电话 021-62865537 联系）

目 录 Contents

活在观念里

从观念到细节

——朱永通《教育的细节》序

周国平

　　朱永通君曾担任中学语文教师，后又从事教育刊物和书籍的编辑工作，本书是他在教育领域多年观察和思考的心得的一个结集。他是一个有心人，无论是到学校采访，出席论坛和活动，看稿件和报道，还是女儿的上学经历和反应，他都能从中发现生动的细节，进行深入的思考。《教育的细节》是书中一篇文章的标题，他用来做全书的书名，我觉得很有道理，因为关注细节正是他的教育思考的特点，也是本书的特点。

　　浏览本书，有三个概念给我留下了深刻的印象，我想用它们来阐释我对本书的解读，亦引申出我自己的思考。这三个概念是观念、细节和一厘米。

　　"观念"是本书第一辑的主题，也蕴含在其他各辑的论述中。观念的重要性在于，它决定了人的行为的方向。哈耶克指出，哲学的影响是最大的，它用一般观念影响社会科学，社会科学又用根据一般观念对具体问题的思考影响大众。作为社会科学的一个领域，教育更是如此，人生观决定了教育观，一个时代的教育状况背后必有一种起支配作用的基本价值取向。基于这个理由，我本人一直认为，要革除中国教育当今的诸多弊端，关键在于正本清源，澄清教育的理念。

观念并不抽象，正如第一辑标题所示，人是"活在观念里"的。这个在生活中无处不起作用的观念，不管是源自文化传统的基因、意识形态的灌输、生存环境的浸染，还是社会转型的折射，一经铸成，就如同幽灵一样深藏在无意识之中，操纵人们的行为。这就有了"细节"的重要性。如果说观念决定方向，那么，细节则体现了观念，正是从细节中可以最清楚地看到真正起作用的观念是什么。

看一所学校的教育观念是否对头，不必看校园文化是否有声有色，教育改革是否轰轰烈烈，考核指标是否名列前茅，这类表面文章有时还是反面证据，一个细节就足以让背后隐藏的丑陋暴露无遗。本书中有一个例子。在一所重点小学，校长带作者参观，一路娓娓介绍校园布置如何体现学校的教育理念。上课铃响，两个男生急匆匆迎面跑来，见到校长，一脸慌张，想躲闪而无处可躲，硬着头皮继续跑。这时校长突然铁青着脸，把两人喊住，厉声训斥。作者被校长判若两人的表现镇住了，由此想到：学生迟到是常见现象，却像试纸很快就能检测出教育行为背后的价值含金量。

的确如此。用什么态度对待学生迟到，是否尊重"差生"的人格和自尊心，布置作业是否用心思考让学生的学习既有效又省时，能否尽力给学生的个性差异留出空间，给不给小学生留出足够的睡眠时间，这些都是细节，却体现了教师是否爱学生，学校是否以学生为本位，教育是否立足人性，总之，体现了基本的教育理念。

这就要说到"一厘米"的概念了。德国统一前两年，驻守柏林墙的东德卫兵亨里奇射杀了一名企图翻越柏林墙出逃的青年。柏林审判时，被告律师辩称，受审人当时只是执行命令，没有选择的权利。法官的反驳十分精彩，指出即使执行命令，仍有把枪口抬高一厘米的主权，可以选择打不准。作者把这个典故应用到教育工作上，提倡"一厘米之变"，即从能改变的地方开始，积少成多，以此引发更大的改变。确实，我们无能改变整体的教育体制和环境，但是任何体制和环境都取消不了个人的相对自由，而这个自由正是体现在你如何处理一个个细节上。

当然，"一厘米之变"的作用毕竟是有限的。在一定意义上，这是教育界有良知之士在现行体制下的无奈选择。根本的改变是推翻柏林墙，让"一厘米"的主权成为不必要。倘若行政主导、功利至上的教育体制无根本改变，"一厘米之变"往往也是困难重重，坚持者会被边缘化甚至遭到逆淘汰。

作者耳闻目睹中国教育界太多的怪现状，有按当地教育主管部门规定放学十分钟后清空校园的"减负"新政，有教学楼里布满书架、书架上摆满廉价垃圾书的著名"书香校园"，有打造"教改"神话、不到三年吸引50多万人参观、门票收入3000多万元、拉动周边第三产业获利45亿元的"品牌"乡村中学，不一而足。我读后无语。观念有正确和错误之别，而比错误观念更可怕的是虚假观念，在被歪曲的"减负""书香""教改"等招牌之下，中国教育舞台上在上演多少荒诞剧！而在这类剧目中，都可以看到行政机构担任的导演角色。我不得不说，现在我对中国教育的唯一期望是减少荒诞，回到常识，而这何其难也。

2015 年 8 月 15 日

（作者简介：中国社会科学院哲学研究所研究员，哲学研究家，作家。）

序　二

自明的火种

张文质

　　我一直在寻找着如何用恰当的方式给朱永通的《教育的细节》写个序，更确切地说首先寻找的是这篇序应该如何开头。我已经来回折腾了好多次。

　　我固执地认定今天我们这一代人写教育大体都"不足观也"。我如此，永通想必亦如此，但是这样说并不否定写作的意义，就如我们说到阅读，阅读不是只有获取知识、开阔视野、丰富内心情感之类的目的，阅读还帮助我们让大脑始终保持"活性"状态，不被禁锢、不易宰制，有自己的趣味与品格，大概这些才是更为重要的功效。写作更是如此，它有诸多为我们一直喜爱的"无用之用"，我们常常就是用一笔一画记录的方式暗藏着一些珍贵的、帮助我们精神获得自明的火种。写，是最大程度的"思想仍活着"的证明。当然这首先是对知识人的一种要求，一种自我期许。同时，我们几乎还要借助写的方式，整理自己的见闻，以及对这些见闻材料背后无比复杂甚至混乱的世界形成的颖悟，而更为重要的是，我们的工作重点不在于揭示教育的真相，因为只要你有基本的见识与理解力，教育的真相已经大都呈现在你的视界之中了，今天的教育写作，更难更为迫切的是，要传达出对人性的信任与希望。

　　谁没有过无话可说的时刻呢？它不单是因为那些最重要的教育发现早已可能成为普遍的共识，还因为这样的共识又在某种语境中如同火一样包裹着各种你无法理喻的危险，说出常识既需要勇气，又需要自我赋予的责任，这样你才可能不断地从沮丧、无力、愤怒和绝望中突围，所以，今天令人激奋的不是"有话不能说"，而是，你始终都要意识到，作为研究者，你的工作就是沉潜下来，再去看，再去听，再去思考。一方面这样的方式，本就是研究者最要紧的态度，另一方面，看到的听到的，一定会激发你努力使自己变得更深刻更独到的欲望。这个时候，你也许才有可能"换一种方式"，"接着说"。

　　在十几年前我初识永通时，我寄望于他的不是所谓的"十年板凳冷"，说实在的，有几个年青的"业余"研究者在这样逼仄的年代还能有如此的从容与专注？我们不必对此有太多的失望。永通始终能够做的，就是首先要担当起自己与家人生活的责任，这样的担当之中，本来就会有深深的痛切，同时他的目光又一直毫无倦怠地关注着女儿成长的点点滴滴。一个好父亲几乎无例外地就是一个好的研究者，而我们共同信从的生命化教育正是从家庭开始，从我们最挚爱的人那里开始的。这样的生命眷注，他是带到所有课堂以及与其他生命交往的过程中的，因此你若是读永通的书，也会自然地被他这个内隐的"父亲的视角"带到他的言说中去。这样的言说又同样自然而然因为对生命的深情，而变得轻柔、诚恳，不断减去火爆与戾气。他所说的，甚至也不是笼统的变革与进步，而是更常被人忽视或视而不见的细节，大概他总是希望人们谈论教育时，能够想到教育原初的样子，以及它应该朝向原初不断生长的样子。

　　我这样谈论永通的书，说的仍然是在教育的精神暗夜，我们应有的不知疲倦的"建设者"的立场，它来自对自己生命更虔诚的聆听。对教育的任何发现其实都是对自我生命的发现。一个教育者言不由衷、价值混乱、粗鄙无情，在今天的生活中一点也不奇怪，文化败坏的普遍性反而促使一小部分自我命名、自我督责的"业余者"，更深地感受到从自己开始变革的意义，他们把耐心与坚持看作是教育改善的最有可能的第一步，而谁信从这一点，谁也便同样迈出了自己的第一步。教育中所有人性的细节，都是归家的，当我们经历无数生命的沉重，并从这样的沉重中撷取了一颗两颗充满生命感的果实时，我们已经在品尝着某种属于自己的甘美。

　　永通这本书，大概也可以看成是如此的信从之书，在尘世之中，在各种混乱和重力之下，仍然有某些可以被我们确证的"尘世的绝对"（汉娜•阿伦特语）存在。他的写作指向寻找的努力，又从这样的努力中带给阅读者一点点的安慰。而我也会继续期待着他迈出的下一步。

（作者简介：诗人，教育学者，生命化教育倡导者）

序　三

细节里藏卓见
——《教育的细节》序

陈心想

　　接到朱永通先生送来的大作《教育的细节》，甚感欣慰，因我期待已久。

　　我与永通算是老相识了。大约七八年前，我的一篇关于文凭社会的文章为《明日教育论坛》转载，我从网上找到了该杂志电子邮箱，发信聊具体事宜，询问信回复者即朱永通先生。自那次结缘后，彼此时有通信来往。

　　2010年秋季，永通约我为新创办的《教师月刊》写专栏。之后，在他的提议和策划下由我组织并作为撰稿人之一，于2014年出版了《第三只眼睛看教育：5位海外华人学者的教育省察》一书。这几年间，我们的交流渐多，他有了新文章，我先睹为快；我有了新作品，也不断发给他。在电话里，我们还不时讨论在读什么书，以及读书的心得体会。味道相投，大抵如此。我们共同的趣味至少有这样两点：我们都爱读书，我们都关注教育。

　　永通博览群书，不断开拓学习的精神令人感佩。他曾向我索要社会学推荐书单，开始读吉登斯、道金斯、费孝通、郑也夫等人的作品。永通善于读书和思考，常有自己独到的发现，令人耳目一新。比如，当他读到郑也夫的《神似祖先》里一对夫妇双方在生育上的付出不同决定了母亲对孩子的爱更多这一理论，联系当时情况，对幼儿园中小学里的教师大都是女性的问题提出了自己的看法。与诸多人士的焦虑和担忧相反，他认为"教育是母性的"，女性天然对幼儿更为关心，更有爱心，所以幼儿园和小学中低年级的教师应该是以女性为主。

永通以自己的读书经验和心得为内容在不少学校做过讲座，并将整理讲稿发表在《中国教育报》等处。本书最后一部分"过有思考的教书生活"下收录了这些有关读书意识、选书和读书方法的文章，给人印象非常深刻。尤为令人注意的是，他提出我们应该如何去寻找和获得一个"更高的自我"（尼采语），这一意识在许多人那里早已消失无踪了。

至今我与永通仅见过一面。那是去年四月下旬，即将返美之前，我们如约在华东师范大学出版社北京分社见了面，同时一起见面的还有林茶居先生。我们自然免不了谈教育和《教师月刊》。当天下午我和永通一路到了北大，在郑也夫先生办公室聊天时，永通显露了自己泡茶的手艺。他对水、茶壶和茶叶的搭配很有研究。这个茶道类似于教育上的学生、教师和环境等因素的有机搭配。简道为一，从这茶道里我看到了永通的耐心和细心。由于郑老师上了一下午的课，太累，永通取消了原来计划的采访，改成闲聊，这也是他心细之处。我想大概正是这种耐心和细心，当然更多的是爱心，才有了摆在我们面前的这本《教育的细节》。

细节里藏着卓见，待有心人去发掘。我曾说过，永通发现细节的敏感力是很强的。永通曾经在中小学做过几年一线教师和管理者，近些年作为《教师月刊》的首席记者和编辑，采访过不少教育界人士，并到过不少地方讲学，可谓见多识广。永通从经验观察和阅读中，发现教育细节上往往为人所忽视的地方，以其独特的观察感受力，言人之所未言。比如座位，有学生是一个人一个座位，没有同桌。永通就从这个出发，阐发了这样一个没有同桌的学生受到了哪些"座位"的影响，老师和同学们又有哪些不同的反应。再比如，他一个朋友讲的一个故事，朋友女儿说要给老爸说个事儿，可是当老爸问是什么事儿的时候，女儿却说："爸爸，还是改天再说吧。"因为女儿问他事情时，他总是说："依依，爸爸正忙着呢，还是改天再说吧。"这就是"活的范本"，很有启发。永通以此告诫我们，和孩子说话，一定不可随意，言传身教，教育随时都在。

永通这些文字的背后有一个支撑力量，我以为是一定程度的理想主义，以及对教育的敬畏和关怀。在这个时代，谈理想和信仰大概是许多人不屑的。而就是这一点的理想和信仰，迸发着无比的力量，照耀着前方的路。从与永通多年的接触和交流里，我深深地感受到了这种力量。因之，在他的文字里，不时会有对他曾经接触到的某些教育官员和教师的不良言行的批评，永通虽未提名，当事人看到了肯定知道是说的自己，大抵会不悦的。但为了揭示这些问题和现象，永通并未避讳不谈，这需要相当的勇气。他的"一厘米的变化"观念也是这种理想主义的体现。即使在强大的体制下，教师依然有着自己可以有所作为的"一厘米的空间"的自由。"作为还是不作为"就在于教师本人是否有那颗爱心和那个见识。大概也是本着这种精神，永通写下了一篇篇为着"柔美的教育"的呼吁文字。

我在文章《走出乡土》里说到费孝通先生时，曾说过这么一句话："一个好的学者，一个思想家，一定是善解人意的。不然，他就会固执己见，难于深刻。"永通的文字里，他对教育的细节的发现和解读不正体现着他的善解人意吗？不管是当女儿的同学打碎了瓶子后对女儿的安慰，还是"丑"学生被老师剥夺了参加某些活动的权利时对学生的同情，他的善解人意都是以孩子的健康成长为出发点的。

细节决定成败，教育的细节关系着教育的成败。那么，我们还能忽视教育中那些宝贵的细节吗？永通的《教育的细节》不仅为我们描述和分析了不少教育的细节，而且带给我们一双观察细节的慧眼，这双眼睛就隐藏在这本文集的每篇文字里。

2015 年 7 月 12 日于美国星城家中

（作者简介：美国明尼苏达大学社会学博士，现供职于美国密西西比州立大学国家战略规划与分析研究中心。）

先睹为快

陈大伟

　　端午节，一个极有文化意义的日子，收到朱永通君的书稿《教育的细节》，先睹为快。

　　和一线教师交流的时候，不时会交流如何引导学生读课文：一是要读明白课文中的文字，看书中写了什么，有什么；二是要读作者，看作者的动机、情怀、思维方式；三是要读自己，看自己由此思考的问题，对相关生活的反思和规划。这里就向诸君汇报自己就《教育的细节》三读后的收获和体会，请诸君批评。

　　书中有什么？我读到了大量生动的故事和永通君对这些故事的精彩解读。在故事收集和选择方面，永通君首先是有心人，然后又是有缘人。从有缘的角度，他的女儿正在接受义务教育，女儿受教育的成长经历给他真实的故事；他自己是《教师月刊》的首席记者，又是"大夏书系"策划编辑，老师们的很多精彩的故事都会汇集到他那里；因为采访和讲学，他到各地的学校、课堂接触了不少杰出的老师，他收集了大量生动的故事；再加上永通君又是一个极爱读书并善于读书的人……这种种的因缘际会，使我们能在书中读到很多关于教育、关于教师、关于学生、关于生活的故事。比如，可以读到"一厘米"的故事；读到贾春英老师改变一位同学着装的故事；读到原泉州第二实验小学的林心明校长对非教育行为说"不"的故事以及他的认识:"学校不是为荣誉而生存的,学校是为孩子健康发展而存在的"……剖析和研究这些故事,永通君既讨论教育观念的变革,又讨论实践操作的创新,虚实结合,相得益彰;在表达时,有的娓娓道来,有的当头棒喝,都能鞭辟入里,让人耳目一新。

书中的语言是生活中永通君的本色表达。"曾有一个学生花了两三个晚上的时间,亲手制作了一份贺卡,在教师节当天送给某老师。某老师在办公室泡茶时,随手把这张贺卡作为杯垫。巧的是,送卡的学生到办公室交作业,发现了他的心血'泡汤'了。更绝的是,当天轮到该学生到办公室值日,他又发现,他的心血在垃圾桶里成了垃圾!"这里有永通君对某些反教育行为的愤怒和谴责,有对学生当下处境与未来可能的深刻同情和忧虑。在处理了女儿同学打烂自己心爱的茶壶一事后,永通君有这样的意见:"一是,不管发生什么天大的事情,再值钱的东西,都比不过人的安全;二是,已经发生的事情,不管有多坏,都不要坏了自己的心情,就像把壶摔碎了,再怎么懊恼、生气、伤心,也补不回来;三是,千万不要拿别人的错误惩罚自己,也不要对别人的错误耿耿于怀,要多想一想,别人犯了错,心情已经很糟糕,我们可不要雪上加霜,一味去埋怨。"这里有自我的反思生活和反思方法,也有对学生的尊重和爱护,同时也有对读者朋友处理类似事件的拳拳关切。在当下,教师应该并且能够有所作为,他推崇"一厘米之变":"坚持一厘米之变,即从能改变的地方开始,一厘米一厘米地努力去改变。……在我看来,与其整日企盼外在强有力的制度变革来改变一切,不如向内求和向外做,秉持一厘米之变的信念和行动。"其微信个性签名"一厘米"表达了他对教育和社会责任的自我担当，书中的表达，同时传递了对教师应当负起的担当的期盼。

读书的根本在于读出自我，阅读《教育的细节》使我意识到细节的力量。孟轲说："行之而不著焉，习矣而不察焉，终身由之而不知其道者，众也。"研究细节可以帮助我们关注细节，从习以为常的细节审视和反思自己整个的教育观念，研究和改进自己的实践操作；从细节入手的改变可以使教育观念和教育的原理、原则落地生根；提供细节变革的参照可以帮助读者朋友找到变革的抓手，使变革变得更加真实可靠。

阅读的本质是阅读自我，阅读带来反思。反观自照，阅读中我不时审视自己是否关注了这些教育细节，在处理这些细节时自己是否合格。审视的结果不时使自己坐立难安，恨不得重新来过。希望自己重新来过，我把这看成自己读《教育的细节》的最大收获。我想其他读者也应该有这样的收获。比如，书中有这样的故事：

梁文道先生在《我的老校长高锟》一文中，曾深情写到高锟校长的拒绝声。当年的高锟校长，在梁先生和一帮香港中文大学的学生看来不过是一个"糟老头"。他们不仅在报纸上发表以"八年校长一事无成"为标题的文章来总结他的政绩，而且因高锟接受中央政府的邀请，出任"港事顾问"，在一次大型集会上，学生会的学生在底下站起来，指着台上的校长大叫："高锟可耻！"更出格的一次是，高锟在对新生发表欢迎演讲时，他们冲上去围住了他，塞给他一个套上了避孕套的中大学生玩偶，意思是学生全给校方蒙成了呆头。现场一片哗然，高锟却独自低首，饶有兴味地检视那个玩偶。当时有记者跑去追问正要离开的校长："校长！你会惩罚这些学生吗？"高锟马上停下来，回头很不解地反问那个记者："惩罚？我为什么要罚我的学生？"

读到这里，想一想在老师被学生贴"我是乌龟"事件后很多的认识与表达，我不知道多少老师会不脸红，然后，会再想一想今后遇到这样的事情到底该怎么办。

我在电脑上将此书读了两遍，有这样一些读书收获，不太过瘾，等书出来买一本再慢慢读。

2015 年夏至于成都

（作者简介：成都大学教育学院教授）

活在观念里

在我们肉体的躯壳里，住着一个名叫观念的『幽灵』。我们日常的教育行为中，时刻扑闪着她的身影。糟糕的是，我们往往要等到把教育搞砸了，才意识到观念这个『幽灵』的存在。更糟糕的是，即使到了这个时候，我们也仅仅把她当成为自己的错误辩解的借口。

观念的改变有多难，教育就有多难，所以，摸透教育背后的观念至关重要。

时间镜子里的观念

　　在我们肉体的躯壳里，住着一个名叫观念的"幽灵"。我们日常的教育行为中，时刻扑闪着她的身影。糟糕的是，我们往往要等到把教育搞砸了，才意识到观念这个"幽灵"的存在。更糟糕的是，即使到了这个时候，我们也仅仅把她当成为自己的错误辩解的借口。

　　观念的改变有多难，教育就有多难，所以，摸透教育背后的观念至关重要。

　　时间性，是观念的特征之一。

　　似水流年，有些观念在时间的淘洗下，渐渐变得模糊、抽象，甚至空洞、虚假，我们的教育若还浸泡其中，这些观念必然成为自欺欺人的教条，令人生厌，且因自欺日久，容易把自己牢牢骗住。此非臆断，有例为证。

　　2012 年 4 月，我到某市讲课。课余与 Z 教师交流，她与我分享了一个蛮有意味的教学故事。

　　Z 老师是位德高望重的老教师，再过两年就退休了。近几年，Z 老师常在办公室长吁短叹，抱怨现在的学生不可理喻，一点人性也没有，不知道怎么来教。Z 老师举得最多的一个例子是，教了一辈子书，她最喜欢上的课文是《狼牙山五壮士》，最喜欢的学生是二十世纪六七十年代出生的那些学生（确切地说，是六十年代到七十年代中期以前出生的那些学生）。每次上课，读到五壮士决定纵身跳崖这一动情处时，Z老师总是不由自主地流下热泪。那些六七十年代出生的学生，在Z老师声情并茂的朗读声中，无不默默流下热泪。Z老师说，上这样的课，真是太享受！教七十年代中期后到八十年代中期前出生的那些学生时，Z老师发现，情况有了一些变化。每当她读到动情处时，虽没有学生跟着流泪，但全班鸦雀无声，每个学生的表情都很凝重，也会有个别学生眼眶里闪动着泪花。Z老师说，这样的课堂，也值得留恋。时光荏苒，教八十年代中期以后，尤其是零零后出生的学生时，Z老师说，这样的课堂，简直是胡闹。还是那个动情处，她还是声情并茂地朗读，并流下热泪，但学生们不仅无动于衷，在底下叽叽喳喳，而且常常有学生像发现新大陆一样，兴奋地大喊："快看呀，快看呀，老师哭了！"于是，班级像炸了锅一样，一片混乱。Z老师教两个班，每次在一个班上完课，受到刺激后，到了另一个班，她总是本能地克制住自己的情感，不让泪水流下，但这个时候，总会有孩子在底下不无失望地起哄："老师怎么没哭啊……！"原来，课间短短的十分钟里，Z老师在课堂上流泪的"新闻"已在学生当中不胫而走。

Z老师的抱怨与痛苦，进一步提醒我们：有些观念，仅有工具价值而已，时过境迁，工具已被淘汰，价值却阴魂不散，且有可能成为某些人一辈子戒除不掉的瘾。这种瘾在教育中发作，有时候犹如在学生面前摆上变质的精神食粮，其潜在的危害性不可低估；有时候又像在学生面前穿上儿时漂亮的衣裳，让自己对逝去之美丽不合时宜的留恋成为一出闹剧。

　　令人欣慰的是，在时间的镜子里，对于一些变动不居的观念，教育显示了适应性与可变性的一面。

　　前不久，我一位师长的亲戚 X 到我居住的城市求职，她是刚大学毕业的小女生。我到车站接她。回宾馆的路上，我随口问她，以前来过这个城市吗。她回答来过，并很自然地道出缘由：大四毕业前，她和同学一起到此参加一个大学同班男同学的婚礼，这个男同学的女朋友是幼儿园教师，怀孕了，等不及了。她接着调侃道，这个男同学有可能一毕业就当爸爸了……

　　天呀，我无比震惊，一度恍惚。在"今夕何夕"的慨叹之后，我和 X 聊到我们大学时代被施了道德魔咒的爱情。在大学新生大会上，谈到爱情，系主任谆谆教诲："我们的态度是，不提倡，不禁止，但青年应把美好的时光投入到学习中，若因恋爱荒废学业，后果自负……"接着，系主任如数家珍，列举前几届师兄师姐因偷吃禁果、意外怀孕而被开除的案例，希望我们以之为前车之鉴，好自为之，切勿耽搁大好前途，辜负父母和国家的期望。没想到，大一下学期，我们系一位即将毕业的师兄，让物理系一女生怀上了孩子，便偷偷带她到医院去做了人流。医院那位很有道德感的妇科女医生，做了手术后，感慨万千，结合我们学校女生近几年做人流数量增加的现象，给我们学校党委书记写了一封检举信，并附上那位女生做检查的全部病例资料。很快，我们召开了系大会，系主任宣读了学校的警告处分。那个师兄很有才华，是某学生社团的头儿，真是太冤了。当天晚上，我们几个男生喝得醉醺醺的，在回宿舍的路上，砸了宣传栏的玻璃，把贴在里面的处分通告撕烂。现在想来，撕烂一纸通告是容易的，难的是"撕破"

隐匿其背后的观念——多少人为它付出了惨重的人生代价！

在与时间的较量中，很多观念，就像人的生命，仅仅是历史性的存在，也就是说，许多观念的价值只存在于"此在"的时间当中。

所以，我想把本文结束在对我国 30 多年来教育观念之嬗变的梳理上，以此来提醒每一个教育从业者：教育的观念是随社会经济、文化的发展而不断变迁的，现实中很多教育冲突和矛盾的发生，往往是因为我们跟不上已然变迁的教育观念的步伐，却又无比执著地干着刻舟求剑式的傻事。

从结束"文革"动乱到改革开放初期，国家百废待兴，吃饱肚皮还是人们的头等大事，所以，"有学上"是这一时期深入人心的教育观念。在一个家庭里，供孩子上学，算得上是一件奢侈的事情，更多的时候，一个孩子上学，往往要其他孩子付出失学的代价。正因为供孩子上学不容易，加之知识不足，又要为生计疲于奔命，家长们对学校和老师有着简单而朴素的信任。记得我小学一年级报名时，父亲这样对班主任说："老师，这孩子以后就交给你了，如果他调皮、不听话，你尽管打！"那时候，老师对孩子简单而粗暴的体罚很普遍，但罕有家长投诉，孩子也能积极"求学"。我想，答案尽在父亲那句很有"时代特征"的话里。

时移世易，改革开放中期至今，吃饭不成问题了，教育则成了大问题，让孩子"上好学"变成了人们生活中的重头戏，很多家长为了让孩子能受更好一点的教育而不辞辛苦。所谓"更好一点的教育"，除了看重分数之外，家长们还看重学校和老师是否会对孩子"好一点"，这就意味着"不打不成器"已是过时的教育观念了，它应该像干蛇皮一样，从学校和教师的身上蜕落。因为旧观念一时难以褪尽，许多学校和教师对孩子依然采取简单而粗暴的教育方式，孩子对教育的不满和愤懑由此一点点累积起来，以致"厌学"成为这一时期中国教育的特色。现在，越来越多有经济实力的家庭，纷纷把孩子送出国去读中学，乃至小学，我称之为中国式"逃学"。

在现实斑驳而复杂的教育表象下，人们对未来的教育观念开始露出构思的端倪，即把学校还给孩子，让孩子"好（hǎo）上学"。到那个时候，孩子是否喜欢到学校去，是否喜欢上学习，才是人们关注的重心；到那个时候，最美校园的样子，亦即最好的教育方式，值得我们期待：读书，唱歌，聊天，漫步，玩耍，免于各种心灵伤害，不落下任何一颗仇恨的种子……

养在不同水土里的观念

前不久，与朋友 L 电话聊天，谈及首位华裔驻华大使骆家辉先生因家庭的原因而辞职之事。L 坚称，骆家辉辞职声明里的理由一点都不成立，背后肯定有更深层次的政治考量。我笑道，不管你信不信，反正我相信，因为比起有些网友所八卦的婚外情，你的"政治敏感"更不靠谱。

挂了电话，我突然意识到，这是一个蛮有意味的问题：为什么在中国，几乎没有人相信骆家辉辞职仅仅是为了"与家人团聚"？

对他人的解释不管不顾，动辄摆出民族主义或政治正确的姿态，成了许多人论断人与事的下意识反应。这种智识上的偷懒，我称之为"开放式封闭"，即貌似在对话，却压根没有耐心去倾听与思考。因为从不通过他人的眼睛去看世界，所以，看到的风景无不涂抹上自己"心灵的积习"（托克维尔语）之底色。

古语云，当局者迷，旁观者清。在骆家辉辞职这件事情上，此话或可倒过来讲，当局者清，旁观者迷，因为"家庭优先"一直以来是骆家辉面临两难选择时奉行的准则，只不过在他这个当局者看来无比正常的一个行为，却让无数局外人觉得不可理喻，以致"谣言"四起。

剥开政治情绪、民族情感等层层外衣，不难发现，观念上的分歧，才是我们与骆家辉互相听不懂对方在说什么的根本原因。

就如鱼离开水无法活一样，理解一个人的行为，一旦离开形成其某种观念的那个背景，则无法作出正确的判断。正如约四百年前的西方人，无论如何都无法理解当时的一些中国男人在清人入关后，为了保全头发，居然宁愿付出生命。

所以，空间性是观念的另一个特征。一个人为什么要这么做而不那么做，不是按照理论家给定的概念或提示去选择的，而是源自他的生命深处某种神秘的力量。这种可称之为"第二本能"的生存习性，其实早已深深烙上他生于斯长于斯的那个环境的烙印，所谓"一方水土养一方人"，不同的水土分泌出不同的观念。

几年前，我换了新车。春节回老家，一个刚当上某单位头儿的朋友表示羡慕之余，一本正经问我，平时加油、维护等费用能报销吗？我骄傲地答道：不能。他一下子释然了，然后得意地说，他的车虽然在档次上不如我，但所有的费用皆可报销，还可公车私用。我突然明白过来，在老家大部分人的观念里，能不能占公家的便宜，成了衡量一个人混得好不好的标准。我居住的地方与老家仅距百余公里，但这两个地方的人在用车等各种观念上却截然相反。

回过头看，骆家辉之"家庭优先"的观念，其实在西方人的日常生活中天天演绎着。到过欧美国家的人都会见到这种观念的现实版本。一到周末，这些国家几乎所有的商店都不营业，街道上行人寥寥，与中国的"热闹"形成鲜明的对比。人都到哪儿去了呢？很简单——回家，"与家人团聚"。近日，李嘉诚在接受南方报业的独家专访中，如此评价他的大儿子李泽钜："我年轻时不喜欢应酬。Vicor（李泽钜）不喜欢的程度比我更甚。他是好丈夫、好父亲，有空的时候都是跟家人过着正常的家庭生活。"当然，理解这个评价，我们不应脱离李泽钜从小到大所受的都是以西方文化观念为主的教育这一背景。

如果我们把骆家辉的辞职放在这样的观念背景下去考虑，也就不会觉得他的理由不过是托辞而已，反而会从他充满观念色彩的一番话中品出真诚来："我们可以去参加很多宴会、典礼。但30年后回想，你还能记得多少。但是你总是会记得孩子的第一次音乐会，第一次钢琴演奏，游泳比赛和芭蕾舞表演。那是你永生难忘的回忆。所以我们开始制定一些规矩，'离开孩子不准超过多少夜晚'。所以，家庭优先。"

谁都知道，中国教育之沉疴没有速效的灵丹妙药，但如果有更多的人奉行"家庭优先"的准则，则整个教育的精神之相将慢慢健康起来，因为这是固本之"疗法"。

当我们把目光锁回到观念的空间性上，并非说不同地方的观念是凝固不变，难以流动的，更不是要盲目去筑守地域性观念，并以之为精神的盾牌，画地为牢。有意思的是，古今中外，皆有"墙内开花墙外香"的现象，所以，中国俗语有云："外来的和尚好念经。"《圣经》则曰："没有先知在自己的家乡被人悦纳的。"由此，我们也就不难理解，为何一个德国哲学家的思想理论能在上个世纪风靡中国的大江南北，乃至我们今天一些观念性的东西，还依稀可觅其丝缕踪影。

今天的世界变得越来越小，小到有人预言它将成为"地球村"。但尽管有人大力鼓吹"全球化"，眼下的世界依然陷于无休止的争斗之中，不同国家之间，不同地区之间，一争，就吵，一吵，就拉开斗个你死我活的架势，我们往往可从剑拔弩张的气氛中，嗅到隐伏于政治、利益等因素背后的观念所散发出的异味。看来，外在的科技、经济等领域的"全球化"或许可能，内在的那个观念世界之"全球化"则遥遥无期，或根本不可能。

在这样的世界背景下，重温邓小平在1983年国庆节当天为北京景山学校的题词——"教育要面向现代化，面向世界，面向未来"，我们在叹服老人的远见之余，仍可获得不少教育实践上的启示。

教育要"面向世界"，要"走向世界心灵的高度"（刘再复语），必须抱持开放的胸襟，在差异中"求和"，在"求和"中转化，在转化中创造。具体到教师的专业发展，这几年各地皆流行"游学"，即派教师到外地或国外的学校交流学习，这种学习可带来已被生物学证实的"远交优势"，值得提倡。但我更愿喋喋不休的是，我们可"求远"，但不可"舍近"，不要囿于"熟悉的地方没有风景"的惯性思维，而对身边的"高手"和学习资源熟视无睹。

克服与生俱来的"忌熟"之人性弱点，在"面向世界"的同时，转身面向身边的每一个人，尊重之，学习之，则无需担心一方水土养育一方人的观念，会引发刻板、僵化的思维模式和单一、粗暴的行为。

始于每一个人的观念

　　再好的文章，能被牢牢记住，往往是因为文中的若干细节。多年前，读杨振宁先生的回忆散文《父亲与我》，被一个细节深深吸引——1949 年后，杨先生的父母留在大陆。五六十年代，杨先生的父母曾几次奉命到美国做儿子的工作。在最后一次的会面中，杨先生的父亲深情地"排比"道："新中国使中国人真正站起来了：从前不会做一根针，今天可以制造汽车和飞机。从前常常有水灾旱灾，动辄死去几百万人，今天完全没有了。从前文盲遍野，今天至少城市里面所有小孩都能上学。从前……今天……"杨先生的母亲一直沉默不语，此刻忍不住插话了："你也不要专讲这些。我摸黑起来去买豆腐，站排站了三个钟头，还只能买到两块不整齐的，有什么好？"

　　杨先生的父母虽朝夕相处，但"觉悟"之高低却有天壤之别。在那个狂热的年代，觉悟再高，如若天天让肚子瘪着，就是两块不整齐的豆腐迟早也会成为"最高的神"（米沃什语）。因为无论古今，无论中外，"吃饱饭，过好日子"这一朴素的观念早已积淀于人们的日常生活之中。

　　杨先生的父母对同一件事情的"看法"差别如此之大，其背后隐含了观念的又一个特征：主体性。任何观念的存在，皆无法把作为接受主体的人搁一边。人之不在，则任何观念都是浮云，正如古语所云：皮之不存，毛将焉附。观念如镜，人的身影从她那里消失之日，即人从这个世界消失之日。但人从来都不是完全被动地为观念所支配，而是经由观念，主动地进行自我塑造，所以，哪怕像杨先生父母那样天天在同一个桌子上吃饭的夫妻，被当时社会普遍流行之观念所塑造的程度也完全不同。

人是观念的作品，也是情感的动物，二者有着千丝万缕的联系。更多的时候，人的情感总是由观念左右，甚至塑造。许多根深蒂固的观念让我们养成了先入为主看问题的习惯，当我们理应如此的假定受到质疑、挑战时，心理上自会滋生受挫之情感。世间的诸多论争，往往先是观念的较量，后因情感的发酵，而陷入你死我活的情绪化谩骂，乃至人身殊斗。要改变一个人的观念，最好的办法是不要急着跟他讲道理，而是反过来，先从情感上打动他，让他的观念在不知不觉中松动，这个规律，孟子早就为我们概括好了："人同此心，心同此理。"

行文至此，我的头脑中不由浮现起陈之藩先生散文《熊》中的一处细节：陈先生小时候放暑假，父亲就让他背唐诗，若背不过来，父亲就怒目相斥，甚至拳脚相加，一顿大打。一个暑假，几乎天天如此，而个个暑假又是如此，所以陈先生说这不只是一种负担，也是一种痛苦。直到有一天祖母向全家闲谈时，讲了一个东北人熊的故事，彻底改变了父亲的教育方式。祖母说，熊最爱吃蜜，而野蜂的蜜，多是藏在树窟窿里。大熊白天先到森林里寻找大树窟窿，一尝，是甜的，便断定是蜜，然后回"家"把小熊一个个运来，让小熊吃。待小熊吃饱，再一个个运回去。小熊吃蜜时，大熊四处张望，保卫小熊。若有人靠近，大熊会打死、咬死或压死来人。东北的农夫想出一个主意，把藏在大树窟窿里的蜜挖走，换上大粪。大熊再带小熊来吃，小熊一尝，即不吃。大熊就打小熊，强迫他吃；小熊还是不吃，大熊气急败坏，大打出手，直到把小熊拍死、扯烂。等到把小熊一个个扯烂后，大熊自己一尝，不是蜜。大熊坐下来，把小熊们的尸骨往一处堆砌，好像重新堆砌在一起，小熊还会活过来。这时候，大熊的哭声响彻整个森林。陈先生说，父亲听完了这个故事并没有说什么，但此后他再也没有因背不出唐诗而挨打了。

可以想象，祖母所讲的故事在陈先生父亲的心灵上掀起了巨大的风暴，让他没有办法一只脚紧紧地踩在固有观念的油门上。在情感的润滑下，陈先生父亲固有的观念松动了，往新的方向又大大"前进"了：许多我们认为好的东西，可能事实上并非如此；哪怕真的是好的东西，它不被接受，其背后可能有微妙而复杂的因素，我们首先应反躬自省的是，自己传递的方式是否出现了问题。

教育是一门"爱的艺术"（弗洛姆语），学校从来不是仅仅用来传授知识的冷冰冰的地方，教师的工作也不单是智识工作，更是情感工作，所以，苏霍姆林斯基常常语重心长地对教师"灌输"这样的观念："你不是教物理，而是教人学物理。"

今天，许多环绕在所谓"好教师"头上的光环，尽是一些干瘪瘪的"外在标准"（量化指标）点燃的，丝毫不见促进学生健康成长的观念之踪影。苏氏"教人"的观念可转化为衡量好教师的一个"内在标准"。最后，我以女儿两个舞蹈老师在教学上的一些做法，作为苏氏"教人"的观念鲜活的注脚。

女儿的学校每周开设两节舞蹈课。女儿读二、三年级时，我们常常会问她，舞蹈课学了什么，能不能展示一下，让我们一饱眼福。每次，女儿皆恹恹然，懒得搭理我们。从四年级开始，女儿每次上完舞蹈课回家，都会兴奋地告诉我们，今天舞蹈课又学了什么，说着说着，就翩翩起舞起来。女儿二、三年级时，舞蹈老师 C 老师是音乐学院舞蹈专业毕业的高材生，专业水平顶呱呱，教学课多次获得省市的各类奖项和荣誉。现在的舞蹈老师 W 老师呢，原是师范毕业，因为兴趣，选修了舞蹈，毕业后一直教舞蹈课。我好奇极了，为什么专业水平那么高的 C 老师，女儿反而不喜欢呢。我多次和女儿聊她们的舞蹈课，聊她们的老师。有一次，她告诉我，大多数同学都不喜欢上 C 老师的课，因为她太凶了（经多方证实，女儿的说法并无夸张）。女儿举了许多例子，其中一个细节，深深刻入我的脑海：舞蹈课是在专门的舞蹈教室上的，学生要自带舞蹈鞋，进舞蹈教室时换上。上 C 老师的课时，凡是忘记带舞蹈鞋的同学，一律不许进教室，要么在门口旁观一节课，要么在走廊里面壁思过。C 老师虽如此严厉，但上她的课，总是有同学忘记了带鞋。上 W 老师的课，开始的时候，每节课也总有三两个同学忘了带鞋，但 W 老师从不生气，每次都是面带微笑，什么也没说，转身到教室后面的一个储藏间，找出大致尺码的鞋来，然后交给学生，告诉他们记得课后归还。W 老师还教给学生一个方法：买两双舞蹈鞋，其中一双放在书包里，除了换洗，不要往外放，就永远不会忘带了。果真，很快就再也没有同学忘带舞蹈鞋了。女儿说，我们爱死 W 老师啦！一个"爱"字，无意中泄露了教育的秘密：同一件事情，不同的观念形塑下的不同处理方式，所激发的情感回应截然相反，可见，情感是教育中不容小觑的人性成分。

平等观念在哪儿

　　一晃，离开讲台十余年了，但因为工作的关系，我从未离开过学校，每年都会到全国各地的一些学校或专访，或讲课。这么多年来，我到过的学校，无论南北，都有一个共同的"进步"：遇见外来客人，学生都会主动、热情地打招呼。这显然是学校习惯养成教育的功劳，可喜可贺。可另有一个共同的现象，这么多年来，一直压在我的心中：学生遇见本校的教师，都会主动、热情地打招呼，但鲜有教师会微笑、热情地回应，有一些教师一脸漠然，习惯性地把自己"隔"在这个场景之外，有些老师顶多点点头，以示回应。每次见到此类现象，我都会委婉地告知校长：不要轻视打招呼这个小小的问候礼仪，它应该是双向的，因为问候是表示情感上的尊重，有情感地回应则是对问候者表示尊重的方式，漠然处之，则是对情感的破坏，会让人感觉很不好。不知是校长们觉得这压根就不算什么事儿，又或是觉得我不过是在小题大做而已，还是别的什么原因，我再到这些学校，在学生真诚、热情的问候声中，依然屡见教师漠然的脸孔。

　　2009 年，厦门市湖里实验小学创办，我有幸被聘为教育顾问。该校非常重视学生的习惯养成教育，开发了"好习惯，好孩子"

的校本课程。一开始，我也经常见到该校教师对学生的问候漠然处之，奇怪的是，这些教师当中不乏年轻教师。我先是跟陈荣艺校长作了交流，继而在全体教师的专题学习会上，与教师分享了我的观察与思考：有心的老师们会发现，每次在校园里遇到学生，我和校长都会自然而然地积极回应他们的问候，我们为什么要这样做呢？因为我们认为，在问候礼仪里深埋着平等观念，即它是问候双方在情感上互相尊重的一种方式。从回应与不回应，以及如何回应的行为背后，我们可顺藤摸瓜觅得不同观念的踪迹。比如，大多数老师的潜意识里都有这样一种"应得观"：学生尊重老师天经地义，所以，老师获得学生表示尊重的问候，也是理所当然的。这种理当如此的观念，只强调了我们文化中"尊老"的一维，而忽略了"爱幼"这一维，即长者应在情感上给予幼者呵护与尊重。长期以来，我们的教育存在只强调长者之权威与地位的价值导向，代代相传，以致许多新任老师严重缺乏平等观念，所以，他们对学生的问候往往无动于衷，这也就不是什么奇怪的事了。消极回应学生的问候，还容易导致我们意想不到的消极结果。一方面，学生一到学校，即被要求要做一个有礼貌的人，被反复教导"遇到外来客人和教师要主动问好"；另一方面，学生主动问候，是要付出情感的，但吊诡的是，学生付出有情感的问候，却难以得到情感上的尊重。可想而知，学生到了学校，一再被强制要求问候他人，但他们付出的情感却得不到他人积极的回应，久而久之，他们的问候行为与自己的情感是有距离感的。说远一点，今天社会上人与人之间互相不信任的紧张关系，似乎可从缺乏平等观念的教育中寻得一丝线索，我们对学生情感习以为常的忽略行为，日积月累，导致他们的人格上难免布满冷淡与冷漠的阴影。

待他们长大成人，岂可奢望他们对他人、对社会、对世界致以诚挚的"问候"！

经过这次交流后，湖里实验小学的领导也通过各种途径对教师加以引导，慢慢地，教师对学生问候的积极回应多了起来。

事实上，在日常的教育教学活动中，教师的平等观念，就像今天中国的青山绿水——难得一见。

除了打招呼，教师对学生的称呼，也往往容易导致意想不到的消极结果。有些教师平时在教室里叫"自己人"（比如自己的孩子，或亲戚朋友的孩子，或比较偏爱的学生），习惯性地以昵称或名字称之，且语气里渗满情感，而称呼班上的其他学生，则常常是称姓道名，情感的距离明显摆在那儿。说者无心，听者有意，小小的一个称呼，极有可能变成师生关系日渐疏远的信号。

有些老师可能对我所提的这些细枝末节不以为然，但殊不知，这些看似细枝末节的地方，恰恰是教育的"事故多发地带"。

某朋友的女儿茗读小学三年级时，数学成绩突然一落千丈。不管朋友怎么努力，茗的数学成绩一直难有好转。一次，我到朋友家玩，和茗聊到她们班上的老师。提到数学教师，茗用非常厌恶的口气说道："我们很讨厌她，我们都不听她的课！活该我们班的数学成绩是全年段最差的！"我忙问为什么，以及"我们"究竟是指她们几个"同伙"，还是全班同学。茗说，"我们"是指班上一部分同学，大家都看不惯数学老师"不公平"的做法。原来，她们班上的数学老师对女生某特别好，比如，每次考试完毕，女生某都能在当天就拿到试卷带回家更正，其他同学则需第二天上课时才能拿到试卷；又比如，女生某考试一有进步，数学教师就奖励她各种奖品，但其他同学从来没有这种待遇。有一次，数学教师到外省出差，回来赠给女生某一块手表。当然，这些"宠爱"都是私下的，数学教师也一再叫女生某千万别声张，但小孩哪管得住自己的嘴，动不动就跟同学炫耀。于是，有些同学心里就不好受了，把对数学教师的不满情绪蔓延到课堂上。朋友后来多方了解，确认茗所说属实。女生某是一大商贾的女儿，数学教师与她的妈妈关系密切，常到她们家吃饭，常一起出外旅游。我了解后，对朋友说，到四年级，茗若遇到"公平"一点的数学教师，成绩就会刷刷上去。果不其然，上四年级后，茗的数学成绩稳步上升了。

茗三年级的数学教师可能做梦也想不到，她"栽跟头"——她们班的数学成绩全年段最差——的地方，就是师生相遇中的那些细枝末节，而师生的相遇经历，本身就是一种无形的教育资源。融入平等观念的美好的相遇经历，可以促进学生获得有益的发展，反之，则有可能使学生对学科学习丧失兴趣，从而不断累积对于学业的消极态度。

所以，真正具有现代意识的教师，总是对教育中那些不容易引起注意的细枝末节，保持反思性的警觉，并努力用实践智慧去完善它。

从这个角度去审视今天的教育，难免要为我们绵延不绝的粗心大叹一声："教育要面向现代化"，但我们的现代意识在哪儿，平等观念在哪儿！近十年来，海峡两岸的教育交流日益频繁，但我不得不说，跟台湾的教师比起来，我们大陆的教师在细心的教养上，还存在不小的差距。举个公开课的例子。在泛滥成灾的"名师"公开课上，每次提问，我们的"名师"们都迫不及待地奔向"正确"答案，所以，凡答不出或答不好的学生，只能被快速地

"冷"在一边。而台湾的教师，总会耐心地倾听每一个学生的回答，并"卷入其中"，进入新的互动，所以，我们会发现，台湾教师的公开课往往很难在规定的时间内完成所谓的"教学目标"。因为公开课是借班上课，学生都是陌生的，在整堂课问答环节的称呼上，我们的"名师"们张口即来的是，"这个男同学你来回答""这个女同学的回答……"。而台湾教师，他们在课前会发给每个学生一张白纸（往往是一面已被使用过的），让学生对折起来，做成姓名牌，然后写上自己的姓名，放在课桌的前边。每次问答，台湾教师都会先称呼学生的名字，提问与评价的话语皆亲切自然，比如，"某某同学，这个问题你是怎么思考的""某某同学很善于思考，他提到……"，处处渗透着对人的尊重与肯定，整堂课因此自然生成了滋润生命的精神内容。

三个词汇里的学校文化

包　装

　　某年夏天，在某市的一个大型教育研讨会上，我和一千多位来自全国各地的教育同仁在一个空调突然坏掉的会场里，听某名校长"关于学校文化建设"的讲座。该校长激情四射，从"没有教不好的学生"推导出"没有办不好的学校"，再从"校长应是教育家"谈到"校长必须是企业家"，然后是一堆新鲜的词汇，诸如战略、规划、质量体系、品牌管理、利益最大化等。我听得大汗淋漓，云里雾里，满心羞愧，因为愚钝如我始终固执地以为，就本质而言，学校和企业犹如井水和河水，还是互不相犯为好。

　　此后不久，我突然发现，很多校长一谈起学校文化建设，张口闭口都是"品牌""影响力""经营理念"等等企业化的词汇。再一聊，他们流行的观点是，学校文化至少比企业文化落后20年，我们应向企业学习，甚至必要的时候可以"照搬"。

　　从此，我被这个问题纠缠住：这些年来，我们的学校究竟向企业学习了什么？

　　我参加深圳的一个校长高峰论坛，听了某中学名校长题为

"用文化做大做强学校品牌"的讲座。我对他讲座中所罗列的大量"做大做强"学校文化的案例，心生疑窦。比如，经高人指点，他们学校在几年前花了15万元，请来某著名导演团队的两个骨干，为学校排了两个课本剧，从此，这两个课本剧从市里到全国，一路拿奖，成为学校"品牌"之一；又比如，该校长认为学校学生学习语文、政治、历史科目，纯属重复，遂把这三个科目整合在一起，变为"大语文"课程，用腾出来的时间开设足球课、武术课、舞蹈课等校本课程。每年九月份开学第一天，他在国旗下讲话，向全校学生宣布学校增设的校本课程时，每宣布一个校本课程，就发射一次礼炮以示庆祝，据说，整个操场成了欢呼的海洋！

中场休息，我虚心向该校长讨教。他伏在我耳旁低语，朱老师，你是真不懂吗？所谓文化，不就两个字：包装！说完，他像看怪物一样看着我，仿佛我是"不知有汉，无论魏晋"的桃花源人。

"包装"二字，让我终于找到了揭开长时间纠缠我的那个问题的切入点。

回头细究，各路专家极力号召学校向企业学习，脱离不了今天中国经济大跃进式发展的时代背景。当经济发展的GDP思维被移植到学校发展之中，学校能从企业学到什么呢？答案再明显不过：包装。当然，急功近利的包装典型莫过于形象工程。

显性的形象工程一般是在建筑上做文章。许多地方的中小学，新校长上任伊始，即开始拆旧建新，不到几年时间，学校的师生宿舍楼、食堂、图书馆、教学楼，乃至校门，凡能拆的，无一处不是拆过重建。很多校长曾骄傲地告诉我，他们的学校犹如刚盖起来的，每处建筑都非常新，非常现代化。

　　隐性的形象工程也比比皆是。比如，现在一些经济发达地区的学校热衷于花重金引进外地名师。这些名师被引进后，几乎都是滴水入海，无声无息。并非这些名师没有真本事，而是这些学校的投入更多是为了在"师资水平"上更加"好看"一些。另外，经济发达地区的一些薄弱学校，唯一些好生源好成绩的当地名校马首是瞻，不惜斥巨资挂靠这些名校，成为它们的"连锁校"。

　　此类形象工程，不管是显性，还是隐性，都是一种烧钱的包装行为。当然，在很多人看来，能烧钱就是有本事。如果烧钱还能烧出地方政府的政绩来，自然也就把自己烧"红"了。

　　话说回来，想方设法要把学校文化"建筑"在包装上，这是一种相当肤浅的做法，因为恰恰是它，暴露了包装者内在的精神贫困。我曾到过国内很多中小学校，常常惊诧于学校在文化建设中的"没有文化"。前不久，我到某市的一所学校采访和讲学，这所学校的校长自豪地跟我说，经过几年的文化建设，他们学校已经是该市出了名的"书香校园"。校长带我一个个教学楼走过去，我发现，在每个楼梯拐角处的墙壁上，都做了书架，每个书架上的书学生可以随便借阅，看完再放回去。另外，学校在每层楼过道上的凸出空间也精心布置，做了许多古色古香的书柜，旁边放了不少的椅子，学生课间可到此自由阅读。当我兴趣盎然地走近书架，抽起里面的书翻看时，心凉了一大截。这些书无一例外是"垃圾书"。细问之下，才得知学校所有的书都是书商上门推销的，折扣在二三折之间，有的甚至一折。

　　恰当的包装，是一种美化学校的形象设计，不仅无可厚非，而且值得提倡。但当包装过度，或流于形式时，则与作秀、忽悠无异，皆是中了功利主义的毒，从而露出投机取巧的嘴脸来。

差 距

这一节的开始，我先转述一个真实的故事。这个故事是崔永元讲述给作家余华关于他和摄制组重走长征路所经历的众多故事之一。

2006年德国世界杯足球赛期间，崔永元的微型"长征"队伍到了西南某贫困地区。崔永元突发奇想，准备和当地的小学生进行一场足球比赛。令崔永元想不到是的，当地商店从没卖过足球，当地的小学生也从来没看过足球比赛，而且从来没有听说过这个世界上还有一种运动叫足球。崔永元让同事开车到州政府所在地买了足球，然后找了一块很大的草地，请摄制组的美工做了一个足球门框立在草地上。崔永元开始给坐在草地上的一千多名小学生进行足球启蒙教育。开始第一课讲罚点球，崔永元把足球放在离门框十二码远的地方，请出摄制组的摄影师来做示范。摄影师先助跑，再把球踢起，没想到用力过猛，足球越过门框，落地后滚进一堆牛粪里。摄影师小跑过去捡起足球，再跑到附近的水池里清洗足球，然后把清洗干净的足球放在点球位置上。接下来，崔永元让小学生们排队练习罚点球。每一个小学生踢出足球后，都跟着足球奔跑过去，等足球停止了滚动，就抱起足球到水池里去清洗一下，再将足球放在点球位置上。他们以为清洗足球是足球比赛的规则。

这是发生在2006年的事情，我在笑过之后，是揪心的痛。我脑中接着浮现的是同样发生在2006年的一件事情，地点是首都北京。

2006年9月，北京市海淀区审计局在对中关村第三实验小学进行例行审计时，发现该校存在大量账外资金，遂要求学校相关领导提供账目材料。正是在这个时候，刘金玲、张辉、张晶、李志平4人烧毁了这些账目。紧接着，海淀区法院还审理了一起挪用公款的案件，中关村三小的一名会计，从学校账外资金中挪用了500多万元用于炒股。案件由此浮出水面，北京海淀区人民检察院介入调查。2008年1月，王翠娟就被检察院正式逮捕。相关人员也先后落网。

这则来自《法制日报》（2008年08月17日）题为《北京中关村三小原校长贪污调查：账外资金过亿》的报道，还提到一些令我无比震惊的细节：

——2006年，中关村三小把高尔夫课列为三年级必修课。中关村三小是全国第一所、也是惟一一所开设高尔夫课程的公立小学。

——中关村三小是北京市奥林匹克示范校，该校在举办首届"奥林匹克运动会"时，国际奥委会主席罗格、国际奥委会终身名誉主席萨马兰奇、中国奥委会名誉主席何振梁都发来了贺信。

——中关村三小建有60多间琴房，学生每天中午或下午写完作业就可以练琴，还有老师监督。但每次练琴都要缴纳费用。最让中关村三小津津乐道的，是该校的金帆艺术团。这个艺术团曾在国内多次演出中获奖，2005年8月，金帆艺术团赴维也纳金色大厅演出，被国内媒体争相报道。

……

一边是全区小学生不知足球为何物，一边是从小学开始就开设高尔夫必修课程，如此巨大的差距，竟然发生在今天的中国。

请千万不要睁着眼睛说"信息闭塞和经济落后不等于学校文化就一定落后"的瞎话，然后理所当然得出"学校文化建设也要因地制宜"的"正确"结论。也不要以为中关村三小只不过是罕见的个例，上述《法制日报》的报道在结尾处尖锐指出："可以肯定，中关村三小的案件带有很大的普遍性。"

近十年来，中国大江南北的很多中小学校触目惊心的奢华程度已经到了近乎无耻的地步。我还清楚记得，2006年秋天，我到北京出差，北京某小学的老师兴奋地告诉我，她们学校仅花在体育馆、操场等体育设施上的专项资金就达一个多亿元。此后不久，另一个北京的中学老师告诉我，他们学校的新校长刚一上任，即对校园里树木太少太小太一般表示极大不满，然后大笔一挥，调拨出两千多万元购置名贵的大树。不到一个月时间，学校入口处是两排名贵的"参天大树"。他说，新校长那阵子老说，一个学校没有树，就没有文化，我们种树，是在种文化啊！但是，这位老师却说，每次经过这条树荫大道，总是感觉两千多万的钞票在眼前飘舞。

提到树，我不由想起另外两所学校在对待树的态度上的巨大差距。

2011年冬天，我到江苏省溧阳市实验小学讲学，看见学校的主干道上突兀地立着一排松树，我先是很好奇，了解后，又很感动。张康桥校长告诉我，当年学校在旁边征了地，开始盖新教学楼时，开发商和学校的部分领导都决定把树砍掉或移走，他一直力争把树留下，还发动了大家征求老师和学生们的意见，大部分师生都不同意将树移走，后来这一排松树就原地不动保留了。他自信地说，无论学校以后怎么改造，那一排松树都不会被移掉的，因为松树已经成了他们学校的象征，他们的校徽就是一棵设计成像书一样的松树。

最近，《南方都市报》（2012 年 5 月 22 日）一篇题为《深圳中学学生上万言书，质疑深中办学理念》的报道披露了一个跟树有关的细节。三月份，因为校园改造，深圳中学领导对校道旁的一些树木进行移除，这立刻引发学生和校友的热烈评论。学生罗善文认为校方没有交代清楚，最开始的公告信息缺失，有违校园民主管理，于是到现场抗议。更多的校友通过网络获悉并介入此事。因为在教师大会上，老师们反对声音也很大，学校后来贴出了公告。但公告皆是"深中是我家，我要爱护她""谁都不能阻挡深中改革的步伐"之类的话。最后，那些树皆因"阻挡深中改革的步伐"而被砍除殆尽。

在今天的中国，谈论学校文化，其实是一件极其艰难的事情，因为我们不得不面对的现实中，除了地域、经济存在巨大的差距外，绝大多数人对教育的认知也存在巨大的差距。

风　格

什么是学校文化呢？

简言之，风格即文化。一直以来，我们离开学校的风格来进行学校文化建设，是没有文化的典型表现。何谓风格？这是一个很不好界定的概念，还是先容我和大家讲述一所给我留下美好记忆的小学的一些事情，回头再试着来回答吧。

2006 年前后，我到福建省泉州市第二实验小学（下文简称"二实小"）专访林心明校长。校长办公室开着空调，门却始终开着。我好奇地问林心明校长，把门关上，既舒服，又省电，为何一直开着门呢？林心明校长告诉我，以前，学校行政和教师办公室都没装空调，门都开着。后来，装上空调后，有些教师等到上课铃响才到班级，一下课就跑回空调房，而且每个教师办公室都是紧闭着门，学生要找老师很不方便。林心明发现后，心痛不已，经与行政部门研究后，定出规矩：所有办公室必须敞开大门，空调一律开到28℃。林心明说，宁可打开门，浪费一点电，也不可紧闭门，把教师和学生隔开，一旦形成习惯，另一道无形的门从此就横亘在师生之间了。

原来，林心明校长始终把学生放在心中最重要的位置上。我听完，深受震撼。随着采访的深入，我收集到的例子一个接一个震撼着我。

一个泉州本地的老阿姆找到林心明，好奇地问："我观察你们学校很久了，发现这里的孩子都是欢天喜地的，不像有的学校学生怕教师怕得不得了，你们是怎么做到这一点的呢？"原来这个老阿姆的外孙是二实小的学生，因全家要迁居厦门，孩子需转学，但这孩子死活不肯转到厦门就读，最后父母只好把孩子留在他外婆家，让他继续在二实小就读。

还有一个好玩的例子，有一个不在二实小片区的孩子主动要求家长跑后门让他到二实小读书，因为他听说到二实小读书的孩子都很快乐。

更有一个"极端"的例子，一个家长为了孩子能抽签到二实小就读，到处求神拜佛，结果还真让他交上好运。抽完签的那天晚上，这位家长喝了整整一晚的酒，他反复地说，活了二十几年，从没这么高兴过啊！

在和大家讲述这些曾经让我大为震撼的事情时，我突然悟出，什么是好学校呢，就是一个你未到之时，就无比渴慕到达，到了之后，就再也不想离开的地方。这个吸引力来自学校的传统，而这个传统久而久之自然形成学校的风格。所谓风格，是隐藏在师生行为背后的一整套大家认同并自觉践行的价值观念，它弥漫在学校的空气之中，无声无形，却又无时不在。它的快乐、自信是内生的，拒绝任何虚伪的包装。

学校的风格是一种说不出的味道，一个人的品位就是这种味道长时间培养起来的。有时候，一个学校的味道有可能在学生的记忆里嵌留一辈子。

学校的风格与人的成长何其相似，她是由多少代人的智慧点滴积累而成的。可惜，现在很多学校进行的学校文化建设，都是排山倒海式斩断一切传统、从零开始全盘构建的模式，而非基于传统智慧和自身内在风格的建构。这种拼命向外寻找，胡乱堆砌建筑、标语、校训和制度等的学校文化，其实是可怕的"空心"文化。

在这一节结束之前，请允许我引述浙江大学教授江弱水先生到台湾游学时经历的一个小细节，让我们一起感受一所有风格的学校，可以具有何等迷人的精神力量。

江先生去台湾淡水大学前，跟儿子通电话，儿子特意交代他一定要顺道去一下淡水中学。江先生奇怪，问到中学干什么？儿子说，因为那是周董（周杰伦）的母校。

江先生于是到淡水中学，去感受滋养出《青花瓷》的学校文化。可是，他发现学校的宣传资料上不见突出周杰伦，他感叹，简直泯然众人矣。于是，江先生问陈列室的一位女老师，这么多的文字图册怎么不见周杰伦？女老师答曰：不单周董啊，我们还有一个校友，叫李登辉。江先生发现，果然也没见到李登辉。

江先生遂感慨："不愧为百年老校，不矜不骄！"

你有传播意识吗

最近一段时间，我在一些地方给校长们讲"做有思想的教育实践家"。不少校长对此话题很感兴趣，尤其是我重点强调的"传播意识"，引起他们强烈的共鸣。

每次讲座后，总有校长问我，朱老师，你是学新闻出身的吗？当我给予否定回答后，他们都会表示难以置信。

其实，我开始重视传播意识，源于到厦门定居后接触了不少台湾人。一提起台湾人，很多人常脱口而出：台湾人温文尔雅，文质彬彬，我们的传统文化在他们身上得到很好的传承。这就像法国人留给我们的印象：浪漫。而法国巴黎自然是公认的浪漫之都。

当我和在厦的一些台湾人混熟了，常在一起喝酒后，才明白我们原来对台湾人的印象多么"以偏概全"。一则，他们自认为台湾人相对比较有礼貌，跟日本人50年的殖民统治有很大关系，无关传统文化；二则，台湾人是不少诈骗行业的"鼻祖"，比如电话诈骗等。福建安溪人行骗的名声在外，但比起台湾人来，简直是小巫见大巫。而以前台湾人看大陆人，几乎个个是特务。近些年，到台湾旅游的大陆人多了，他们才醒悟过来，哪有那么多特务啊！

为什么印象与"真相"差距如此之大？这是信息传播的结果。当信息被有选择性长久传播，很容易凝结为人们脑中固定的印象。比如，我关于法国人浪漫的印象，源于冯骥才先生的散文。他写到，在巴黎的街道，常有恋人接吻，每当此刻，行人驻足，汽车停下，世界顿时安静下来。后来，不断有文章"爆料"：这些街头接吻的恋人，都是法国旅游局安排的。真是煞风景，我一直将信将疑。直到 2013 年 10 月 5 日，福建泉州人蔡国强先生应邀为巴黎街头接吻升级版的活动助威：50 对情侣塞纳河上做爱上演烟花秀。我终于信了：法国人留给我们浪漫的印象，大半源于法国人有意识的传播。

今天中国经济崛起，世人瞩目，但遗憾的是，我们留给世界的印象就两个字：土豪。为何泱泱大国，不见有品质的精神产品输出？这当然是一个非常复杂的问题，但不可否认的是，我们在传播意识、策略和方法上一定出了问题。

出于职业本能的反应，我不由想到：我们的教育往往滞后于时代的发展，面对滔天巨浪般的信息洪流，要么被裹挟、淹没，了无影踪；要么往往以负面的形象，处于舆论的浪尖风口。

因为严重缺乏传播意识，太多学校并不清楚有时候传播是"要命"的。当然有些是被动传播，如"打伞门"、教室打人等。但大部分是主动传播，只是一点敏感性也没有，比如，我在微信上看到不少学校的各类活动还在大操大办：有铺红地毯的，也有到处挂满横幅的，还有摆满鲜花的……

现代学校，应该把传播作为一门必需的学问。以下三种常见的传播方式，须引起学校的高度重视。

一是镜像传播，包括图片（含文字说明）、视频等。运用此传播方式切记：1. 要有原创意识，不要为了所谓的传播效应，而犯傻去移植别人的东西；2. 要有"消毒"意识，不管是图片，还是视频，放上去之前，应认真"消毒"，剔除那些有违教育原理或现代文明的元素。比如，我曾看到某所学校的公共微信上传这样的图片：在操场上举办一大型活动，所有与会的嘉宾、领导一溜坐在椅子上，学生则排着队，一个个按序给领导鞠躬、握手。我看后，感到非常不舒服，马上下载一张民国时期的照片（如图）发给该校校长：一小孩在学校过道上给老师鞠躬问好，一外国老师也给小孩鞠躬，且把腰弯至 90°。

民国老照片

　　二是现象传播。所谓现象，特指有些事情或事故在学校里面发生的概率难以控制，具有一定的普遍性。处理这些事情或事故，一旦没有坚守住一以贯之的原则和底线，则容易引来死缠烂打的麻烦。比如，学生在学校或体育课中不慎受伤，只要学校无过错，就应第一时间给保险公司报警，让保险公司来理赔。一定要学会用法律来保护学校的利益，不要担心上了法庭，会影响学校的声誉。学校不仅要知法守法，还要学会用法。

　　三是故事传播。对于学校里面发生的富有教育意义的事情，应及时捕捉，提炼成故事，助其成为美谈，为学校加分。教育故事的提炼，应注意事件的典型性和讲述的技巧性。典型性，意指此类事情有其偶然性，难有重复的可能；技巧性，特指描述时使用容易让人记住的方法。比如，杨振宁先生曾向外国人如是描述中国教育的今昔巨变："我小时候，在安徽合肥的老家走两个小时的路，找不到两个识字的人；今天，同样在我老家走两个小时的路，找不到两个不识字的人。"现在，没有哪所学校不重视校园文化建设，但鲜有学校意识到，故事传播是校园文化重要的组成部分。故事传播的放大效应，可以让学校在短时间内赢得好口碑。愿每一所学校多一些故事，少一些事故。

　　事实上，学校信息的传播无处不在，每一个教师、职工和学生，就是一个个无比丰富的信息传播源。比如，学校的保安，从他们对待来访者的态度和方式，即可检测出一所学校的管理水平。又比如，学校的司机，从他们的工作状态和言行举止，也可窥视到一所学校的价值导向。我曾经到某市一郊区小学讲课，结束后，学校司机送我回市区。路上，司机阴阳怪气地说，你们现在这些当老师的越来越不像话了。我又惊又好奇：何出此言？司机说，我们学校有几个教师，聚在一起聊天，动不动就抱怨工资低，说累死累活，一个月才一万元左右！你说气人不气人，为什么他们老要在我面前抱怨这个呢，难道他们不知道我一个月工资才两三千块钱？他们有什么本事，还不是运气好，侥幸转正了！这所学校的风气，几乎浓缩在那个司机的话里。每次想起，我就无比沉重。

　　一个有传播意识的校长，肯定会重视对传播工具的管理。比如现在流行的家长 QQ 群或微信群，至少应加强以下两个方面的管理：一是规范化管理，即无论教师与家长发生什么冲突或矛盾，都不许在情绪不佳或失控时，在 QQ 群或微信群里抱怨，甚至"爆发"；二是艺术化管理，引导教师们在家长 QQ 群或微信群里进行赏识性交流。比如，班主任一旦发现某位教师的闪光点，及时发布到家长 QQ 群或微信群里。也可以让语文老师到群里"夸夸"数学老师。过一段时间，也可让数学老师"夸夸"英语老师。当然，这里的"夸夸"应具有真实性和具体性。

守住教育的重心

作为一种人生事故的自杀，虽不能简单从教育中寻找线索，但至少应该让我们在教育上加以警惕，自觉抵制时代和社会的破坏，并把教育的重心落在成全每个生命上——扩大每个生命发展的素质范围——品德、操守及富有创造性的智慧，而非默许甚至鼓励学生与社会同流合污，把『经济上的成功』作为人生唯一的追求。

减负，减出幸福来了吗

一

这个学期，女儿就读的学校开展"减负增效提质"的教学改革活动。据说，改革的核心目标是提高课堂效率，减轻学生的课业负担。

记得某位好友曾跟我提及十年前他经历的"减负"。他说，那时候，他还是老家中学教师的时候，教育主管部门也大搞"减负"活动。这么多年过去了，关于当年的"减负"活动，他就记住了两件事情。

一是每天清晨，教育主管部门领导带着从各校抽调组成的检查组，突击性地守在一些学校大门口，摆上电子秤，凡学生书包超过规定重量的，一一登记，然后工作组统计出百分率，排名次，全县通报。某小学在评比中屡得第一，检查组蹲点检查后推其为先进单位。这天上午，检查人员提起一女生书包，甚重，一称，大大超标，检查人员脸一沉说，怎么书包这么重啊。旁边的校长如临大敌，脸色煞白。没想到，该女生笑靥如花，给检查人员鞠躬问好后，答曰，书包里放衣服、雨伞和球拍，当然重了。检查人员点点头说，原来如此啊，这个可以不算。校长如释重负，一脸灿然。事后，校长了解得知，该女生系六年级某班班长，当天她的书包压根没有衣服之类的东西。受此启发，校长遂在行政会上布置，各个班主任需教会学生随机应变，万一书包被称出超重，应掌握一二三四的应对策略。这个女生的"先进事迹"不胫而走，演变为各校应对检查的奇招。当有幸成为这个女生的班主任时，"减负"活动早已偃旗息鼓，县里每年都让抽考时班级平均分倒数第一的老师到教育局的学习班"深造"，我这个朋友呢，则为是否让该女生担任班干部伤透了脑筋。

另一件事情是，为了坚决贯彻"减负"精神，教育主管部门出台文件，重新确定上下午的放学时间，并严格规定，若放学十分钟后，学校还留有学生的，一律取消该校参评减负先进校的资格。记得当年上午放学时间规定为10:50，很多家长因此叫苦连天。而每当一放学，教师则像进村的鬼子，"恶狠狠"地到教室"扫荡"。清空后的校园，一时间变得无比寂静。教师办公室不时传出笑声，此刻，教师们大都聚在一起泡茶聊天，等待检查组的到来。

朋友说，现在回头反思这两件事情，深味其荒诞后，空余一腔悲凉：教育主管部门的领导做戏的水平实在高超，他们以上面的文件为剧本，以师生为演员，导演了一出又一出的闹剧，乐此不疲。

2011年春节这位朋友回老家，老师们又告诉他一出新的闹剧。全县领导率领教师前往江苏洋思中学、山东杜郎口中学参观学习，回来后表示再无退路，必须大搞教学改革，减轻学生课业负担，于是一份又一份文件下达，一个又一个检查组到校突击听课检查。

他们学习来的精髓是"10+35"的课堂时间模式，即在课堂上，老师讲课不得超过 10 分钟，学生讨论学习、自我展示不得少于 35 分钟。以前一节课敲一次钟，现在改为一节课敲两次钟，即上课十分钟后，钟声响起，老师必须结束讲解，凡此时老师还在讲解的，就是不合格的课，一旦被检查组发现，第一次是被批评教育，第二次是要写检讨反思，第三次则需停课深刻反思了。

听罢，那每节课十分钟后敲响的钟声仿佛烙在我的脑海里，挥之不去。

"减负"变成学校不得不想办法应付的一个又一个的检查，这本身就是折磨人的巨大的负担，所以，减去对学校多余的检查，给学校松绑，让师生多一点自由呼吸的空间，这或许是避免"减负"误入歧途的根本前提。

二

今天我们谈"减负"，一般特指减去学生过重的课业负担。在我看来，这是学生显性的负担，在学校生活中，学生还有一个隐性的负担，几乎不为我们所觉察。这个隐性的负担是什么呢？我先讲三个真实的案例。

《人民教育》（2008 年 15—16 期合刊）刊载过江苏省无锡市新区硕放南星苑小学许海峰老师的一篇文章《不想再见一面的老师》："我"和一小学同学路遇当年我俩共同的语文老师，"我"忙着打招呼，同学却闪到一边，装作不认识。和老师道别后，我追问平时文质彬彬的他，为什么变得如此不可理喻，同学沉默片刻，低沉地说："我不想再见到他！"

原来，小学四年级时，老师曾布置了"我的父亲"的作文题，同学在这篇作文的开头里写到"我的父亲是一名小学教师……"，洋洋洒洒写了500多字。哪知作文本发下来后，那位老师用红色钢笔在"教师"前面，添上了"代课"二字。"这猩红色的两个字让我一阵眩晕，心里如做错了什么似的，非常难过。"同学说，父亲一直是他的骄傲，他也一直为父亲是教师而自豪。但是，语文老师那刺眼的两个字，让他的骄傲变成了耻辱，从此，他便觉得作文是那样的让他厌烦，甚至所有的学习都让他厌烦。"所以，我不愿见到他，说不上恨，但就是不想再见到他！"同学说。

"代课"二字，竟成了作者那个同学心灵上巨大的负担，当年写下这两字的老师可曾有所察觉？

再讲另一个案例。某市重点中学一班主任赵老师有次在高考经验交流会上列举一例，以此作为他是如何确保优生学习时间的宝贵经验。他班上曾有一位学习成绩非常优异的学生，屡考不倒，有望冲刺省高考状元。在高三上学期即将期末考试时，这位优生的奶奶去世了。为不影响他的复习和考试，赵老师做通前来请假的学生父亲的思想工作，让他们全家瞒住寄宿学校的优生。事后，赵老师在班会课上表扬了该优生，并在家长会上极力表扬优生父母的支持和配合，号召家长们向他们学习。该优生后来在高考中虽未能如愿摘得全省状元的桂冠，但也取得全省前十名的成绩，赵老师因此对自己不浪费优生一分一秒的学习时间的做法洋洋得意。

呜呼，我们的教育究竟给这位学生稚嫩的心灵累积了什么呢？

最后一个案例。一位北京的中学老师告诉著名作家余华，现在的学生因为每天都穿校服，无法在衣服上攀比，于是就在鞋上做文章，相互攀比，比如都是耐克篮球鞋了，还要攀比谁穿的是乔丹第几代鞋，谁穿的是科比第几代鞋。

看到这个案例时，我一直在想，那些经济条件差但心怀梦想的学生，是否经得起此类攀比风的袭击？

三个案例讲完，聪明的你是否和我一样思绪如潮呢？

——在学校的学习生活中，学生的心灵成长是否与知识习得同步？

——从什么时候开始，我们的教育迷失了方向，无视人性、伦理与文明？

——经由我们的惯性和经验建构而成的教育环境，是不是在"消灭"儿童呢？

……

不错，我前面所提的隐性负担正是基于以上这些思考的：相对于课业这一显性负担，孩子心灵上、精神上的隐性负担更值得关注，因为呵护美好人性的成长、培养人格健全的文明公民，才是教育的终极追求。

如何让孩子的心灵在学校生活中免于看不见的伤害，这应是"减负"的另一个维度。

三

回到课业负担这个维度上来，需要重视并厘清两个基本前提，否则，"减负"有可能成为毫无意义的伪命题。

第一个前提，我们必须承认，任何学习必然带来一定的课业负担（压力），当然，这个负担对于学生是必需的，也是合适的，它是学生知识习得的重要手段之一，即所谓"减负"，是减去孩子过重的、不必要的课业负担，而非大跃进式地从一个极端（繁重的课业负担）到另一个极端（盲目力倡"零负担"）。

第二个前提，"减负"必须尊重"个体差异"，同样的课业负担，对有些学生而言可能是刚刚好，恰到好处；而对有些学生而言则可能是很大的负担，难以完全消化；相反，对有些学生而言可能一点负担都没有，他们甚至还有可能处于"吃不饱"的"饥饿"状态。

在当下应试教育盛行的中国，那些"吃不饱"的学生往往得不到很好的引导和发展，因为教师认为他们已无提高分数的空间，多"补"无益。其实，对于那些"吃不饱"的学生，教师只要点燃他们的兴趣，教会他们自学的能力，极有可能帮他们释放出无穷的潜力和创造力。

来自美国伯克利加州大学的华裔女科学家马中珮带领研究小组花费四年（2007—2011）时间，观测到人类迄今为止所知宇宙中最大的两个黑洞，为人类揭开黑洞的神秘面纱提供了更多可靠的数据和依据。马中珮在接受凤凰卫视专访时，谈及小时候的学习，她非常感谢父母和教师对她的成全。她从小就喜欢想一些自然方面的大问题，对探索星空充满热情，九岁的她曾经为了观测月全食半夜不睡觉，父母不但未阻拦，还拿着毯子上楼陪她一起观看。读小学的时候，她对数学非常有兴趣，很想学新的东西，不管老师教什么新的东西，她都很快就学会，为了"解渴"，她自己到处找书读。在音乐方面，她也曾被视为天才儿童，四岁开始学小提琴，十六岁时获得台湾青少年小提琴大赛冠军。十二三岁的时候，她把兴趣转移到应用数学和物理上，她的父母发现她对数学、物理有兴趣以后，没有任何的反对或负面的说法，没有说女孩子念数学、天文的少，或者说这些科目有多深奥多难念，就让她自然地发展。

马中珮无疑是属于"吃不饱"的学生，幸运的是，她的好奇心和兴趣从未遭到破坏。

关于第二个前提，还有一点值得重视：同样的课业负担，对于同一个体，在他们生命的不同阶段，负担的有无、大小是完全不一样的。这一点，理论上大家容易达成共识，在现实的实践中则往往忽略，甚至有时候还会干出蠢事，这种教育上的悖论，中外皆然，不信，你试着猜猜以下三个孩子分别是谁。

第一个，4岁才会说话，7岁才会写字，老师对他的评语是："反应迟钝，思维不合逻辑，满脑子不切实际的幻想。"他曾遭遇过被退学的命运。

第二个，曾被父亲抱怨是白痴，在众人眼里，也是毫无前途的学生，考了三次艺术学院，都以挫败告终，他叔叔曾绝望地说："孺子不可教也！"

第三个，经常遭到父亲斥责："你放着正经事不干，整天只管打猎、捉耗子，将来怎么办？"所有老师都认为他资质平庸，难成大事。

这三个孩子，最终分别成了：爱因斯坦、罗丹、达尔文。

你猜对了吗？

或许你在答案揭晓时，也和我想到一块了：每一个孩子都有属于他自己的人生美景，只是更多的时候，这些美景被笼罩于云雾之中，所以，欣赏这些美景，需要的是智慧，而非不动脑子、自以为是的经验判断。

以上两个前提，谈的是"为谁减负"的问题。

另外，尤其要关注"谁在减负"这个问题。

教师是"减负"的执行者，可是教师同样存在"个体差异"，这一点往往被忽视，以致"减负"工作被"一刀切"以后，无论是哪个层次的教师，工作负担毫无二致，结果是殊途同归，工作愈久，倦怠感愈增，于是，死气沉沉的课堂，不知不觉成了学生的负担。

毫无疑问，家长也是"减负"的执行者，但现实的情况是，这个"执行者"往往变成"破坏者"，以致"减负"最终沦为孩子"幸福的灾难"：在合理"减负"的学校里，孩子的学习生活是幸福的、快乐的，但一回到家里，则是痛苦的、压抑的，因为恐慌的家长早就为他们准备好了一大叠的作业，或不顾孩子兴趣与否，自作主张地为他们报了各类辅导班、特长班。

显然，像喜鹊一样喋喋不休去责备家长，或做家长工作，是不近人情，也是不理智的做法。事实上，没有谁愿意把温馨的家变成不一定讨人喜欢的教室。

四

教育真难，这虽为老生常谈，却也道出世界各国屡屡不约而同抛出"减负"这根救命绳索的原因所在。

我们不妨一起读读以下这则报道（《中国教育报》2012 年 3 月 30 日，刘敏编译）：

法国公立学校家长联合会与现代学校合作研究院共同发起了"今夜，无作业"行动，并确定行动于 3 月 26 日正式启动，为期两周。这一行动得到了众多法国中小学教师和家长的积极响应。

组织者指出，虽然 1956 年法律早就禁止给小学生布置书面家庭作业，但现实中家庭作业仍是中小学生的必修内容，而且作业将书本教学延伸至家庭，常常造成家长和孩子之间的矛盾，所以家长不应该重复教师在学校中所做的工作。组织者呼吁各方能够重新思考家庭和学校之间的关系，并寻求家庭作业之外的其他沟通方法。事实上，一些法国学校的教师已经开始作出类似尝试，比如要求学生回家重读一本书或者准备作一次口头叙述。

当然，也有支持布置家庭作业的教师和家长，他们认为家庭作业是家长和教师之间的互动，特别是前者常常急切想了解孩子们在学校都学了些什么。

这则报道其实隐藏了一个人人熟知的结论："减负"是一道考验世界各国人民智慧的永恒难题，即使拉上法律助阵，也难以交出令人满意的答卷。

我堂弟在日本工作，2012 年春节回家探亲，聊到 3 岁女儿即将面临在哪入小学的选择的教育问题时，他忧心忡忡。他告诉我，在他的公司里，日本本土员工的动手能力比较强，但在公司发展的后劲不足，究其原因是日本中小学基础教育不扎实，过于宽松。他因此一直在犹豫，是否把女儿送回中国接受中小学的教育。后来，我收到定居日本的唐辛子女士关于日本教育的系列文章，印证了堂弟的忧虑。唐女士在《中国教育的"紧"与日本教育的"松"》一文中谈到：

日本 1980 年开始实施"宽松教育"之后，所带来的不少弊病，如日本年轻人的学历低下、阅读量不足、意欲衰退、能力萎缩、不再拥有对于学问的追求与敬畏，等等，已经成为日本教育学者批判的对象，并呼吁必须引起高度重视。

……

现在日本政府又提出了个新的教育计划，叫"脱宽松教育"，正在逐步增加公立学校的课时，要让孩子们从过于宽松的教育中脱离出来。可见，该如何把握好教育的松与紧的"度"，知识教育与经验教育该如何有效结合，是教育专家们必须好好研究的一个课题，否则，孩子们很容易成为不成熟的教育方针的牺牲品。

日本荡秋千似的教育改革，我们一点也不陌生，因为我们同样在各种探求中碰壁，在碰壁后继续探求，然后转入无解的困境，所不同的是，我们的探求多了几分喜剧色彩。

耐人寻味的是，当发起了"今夜，无作业"行动的法国紧紧抓住了"减负"这根救命绳索时，日本则致力推行"脱宽松教育"计划，显然，日本政府不再奢望"减负"这根救命绳索能帮他们走出教育的困境。

绳索毕竟仅仅是绳索，绕来绕去，最终还是绕不过泰戈尔一语道破的这条颠扑不破的真理："教育要靠老师，不是靠方法。"

五

"减负"该怎么减呢？"要靠老师"，这是真理，无需赘言。

"减负"为什么而减呢，即它的根本目的是什么？这个问题包含了"减负"的全部价值和意义，所以，正确的答案将意味着正确、合理的行动。

如果说，教育，是为了让人生更美好，那么，"减负"的起点应该是为了每个人幸福、健康地成长，也就是说，幸福是"减负"的代名词。

所以，当你也开始加入"减负"的行列时，记得不时问一问自己：减负，减出幸福来了吗？

头发上的教育学

一

提起今天中国的教育，脾气再好的人也都会有满肚子怨气，更何况这回是人命关天的大事：山东东营14岁女生李欣玥，因忍受不了学校一再要求其剪发，跳楼身亡。

这么多年来，一有教育事件发生，什么指责都有，就是没有人愿意回到教育本身心平气和来探讨，此次也不例外。

这不，中国人民大学教授张鸣在其博客贴出《整齐划一的凶手》一文来声讨学校："我们没法苛责，一个正处于反抗期的少女，能用所谓的平常心来对待学校的专横，老师对她们的不尊重，对她们一点点爱美之心的摧残。"张教授接着断定，在学校里，个性强的孩子，命里注定是要遭受打击的，命运无非三条，逃学，自杀，或者被驯化，因为学校为了"强调外观的整齐划一，不惜无情打压那些拒不就范的刺头，纵使把他们逼死，也无所谓"。

几乎同时，厦门卫视总监邹振东先生在《南方周末》（2012年4月30日）上发表《请放过中学生的头发》一文。他虽尽可能克制住自己的情绪，但其矛头依然尖锐地指向学校："人们很少会反过来追问学校：头发有那么重要吗，以至于需要动用各种手段来对付它？"邹先生认为，我们有理由"反思学校强迫学生剪发的重要性、必要性与合理性"，并在援引台湾废除学生发型的例子之后呼吁："放过孩子的头发，学校可以减少压力，老师可以减轻负担，学校和学生可以减少不必要的对立，师生的紧张关系可以得到缓解。"

在张教授笔下，学校是制造"白色恐怖"的"凶手"，而邹先生显然温和、理智多了，他在反问、反思的基础上，还开出了避免悲剧的药方——放过孩子的头发。但恰恰是这个简单不过的药方，透露了邹先生与张教授并无二致的立论根基："整齐划一"是真正的幕后"凶手"！

激愤也罢，理智也罢，在我看来，两位先生此番揪住"头发"大做的文章，均有远离"教育地面"隔靴搔痒之嫌。

我的朋友欧阳国胜是厦门外国语学校的语文老师，他在李欣玥跳楼惨剧发生不久后，对与李欣玥同龄的 103 名初三学生作了专项调查，结果显示：认为学校对中学生的头发管理方式最好是"统一要求比较好"的占 61.2%，认为"放任自由比较好"的占 38.8%；认为学校规定发型"会影响到自己学习"的占 18.4%，认为"不会影响到自己学习"的占 81.6%；认为"山东东营 14 岁女生李欣玥因学校一再要求其剪发，跳楼身亡"事例"属于个案"的占 97.1%。

感谢欧阳老师，这份专项调查所包含的信息至少提醒我们不应忽略以下两个基本常识。

一是面对"属于个案"的具体事件，动辄把矛头扩展到学校甚至整个教育的抽象目标上，不仅于事无补，而且还会让社会大众对学校的误解与积怨越来越深。人类很多灾难性事件，往往是由误解与积怨引爆的，所以，当"属于个案"的具体事件发生时，我们最好回到"具体问题具体分析"的基本常识上来处理和判断，不要陷入唯恐天下不乱的"新闻化"狂欢。

二是学校"统一要求"的规范，与尊重学生个性、张扬学生个性，并无根本性的矛盾，不可能"个性强"的孩子就为学校所不容，甚至学校没有人性到"纵使把他们逼死，也无所谓"；也不可能"放过学生头发"式的"放任自由"，就必然可以缓解"师生的紧张关系"。其实，关于"统一要求"的规范，我们还须回到"人们认可的规范和他们合理的基本利益是有关系的"（马克思语）这一基本常识上来思辨。学校"统一要求"的规范，并非为了规范而规范，而是通过规范使学生的生活和学习变得更美好。当然，这个问题有点复杂，因为目的是积极的，不等于所有的手段和行为必然正确无误，我们也需具体问题具体分析。在利益冲突后必然产生大多数原则，大多数人在合理利益上有共同点，自然就产生规则，于是，就产生了大多数人对少数不同意的人的合理化强制。也就是说，规范的背后关联着规则、公平等一系列现代社会中大家都面临的两难问题。所以，"头发"的问题，绝非"放过"或一剪了之这么简单，因为其背后牵扯到价值取向、审美、心理等诸多教育上的问题，绝大多数老师在遇到每一个"个性强"的"具体个案"时，无不战战兢兢，费尽心思。

二

在现实的教育中，关于头发的问题五花八门，但对于一个老师来说，处理起来也不见得那么复杂、艰难，只要他时刻把学生放在心上，视其健康成长为头等大事，而不是让僵化的规章制度占据头脑。

先讲一个案例，同样发生在山东。

山东省乐陵市第二中学高一某班新生刚入学时，班主任贾春英老师发现班上一个叫夏果的女生，喜欢打扮得花枝招展的，圆圆的脸上半遮着蓬松的披肩发，飘逸的秀发中还有两缕别样的颜色：一缕金黄，一缕宝石蓝。被秀发掩映的耳垂上挂着两个又大又圆的耳环。更要命的是，夏果着装大胆，经常露着大面积的前胸后肩和长长的脖颈，她还喜欢每天抹着浓烈的香水。

《中学生日常行为规范》和校规都规定：女生不许烫染头发，不许戴项链耳环等首饰，不许穿奇装异服。而夏果"三不许"都犯了，坐在班里特别晃眼。怎么办呢？

贾老师特意开了一个以"做一个合法公民"为主题的班会，特别强调了"三不许"。可是班会后，夏果照样留着她的耀眼彩发，照样戴着她又大又圆的耳环，照样抹着有强烈味的香水。还能怎么办呢？

这天，夏果到办公室送政治作业，贾老师"逮"住她，聊学习上的事情。聊了一会儿，贾老师趁机岔开话题，笑着对夏果说："你看我今天烫染的发型好看吗？"夏果有些不好意思但又很开心地说："老师，你的烫发确实很好看，显得你特别年轻。""是吗，那我太高兴了，看来我可以和你比美了。"听到这儿，夏果笑起来。贾老师故意带着欣赏的眼光瞅了瞅夏果的彩发，说："夏果，你染的发真漂亮，显得你特成熟，和我差不多年纪了。"夏果笑得更厉害。"笑什么？你不信？ 说真的，我们这个年龄烫发染发，是为了掩盖年龄，因为我们没了青春。而你们正好相反，十七八岁，多青春的年龄啊！不用刻意修饰，自然就很美，一修饰，反而掩盖了青春，显得你比实际年龄大。"听到这儿，夏果不笑了。

贾老师趁热打铁，进一步说道："像你们这个年龄，烫发、染发、戴首饰，不光显得你们年龄大，还显得特别俗气，没了清纯，没了秀气，没了文化味。"

夏果脸红了，不好意思地说："我有个同学，在理发店上班，他给我烫的。""噢，看来你同学想让你更漂亮，可他没发现，你不用烫染，会更漂亮。""老师，我回去一定重新理理。""好吧，记住，千万可别再跟我这老太婆比美了。"

第二天，夏果把彩发染黑了，蓬松的发型理成了顺滑的直发，那两个又大又圆的耳环也不见了。

贾老师把这个案例写成《我和学生比美》一文后，被收入《优秀班主任教育艺术 66 例》（华东师范大学出版社出版）一书中。

读完这个案例，相信你跟我一样，在深受震撼中，获得了许多启示。

在这个案例中，尤其值得一谈的是贾老师的沟通艺术。可以说，教育中的沟通有多重要，就有多难，因为师生之间由于理解力、人生阅历等差异，构成了双方信息的不对称，也就是说，师生之间往往缺乏沟通的基础，所以，要把一个矛盾的问题引向统一的认识，有时候真的比登天还难。贾老师在班会课失败后，巧妙地找到了"比美"这个重要的中介，这样师生之间就有了沟通的基础。同时，贾老师在沟通过程中自然、亲切的风格，既照顾到了学生的情绪，又引导学生"看到"了"什么是真正的美"。

当然，风格即性格，贾老师的教育方法不能简单复制，但她立足于呵护学生、帮助学生和提高学生的教育立场，却是每一个教育工作者应秉承和坚守的。

三

教育学的正当研究是人及其意义，所以，教育的重心在于理解每一个人的成长过程，并为之提供有益其人生发展的装备。

在人的成长过程中，头发上那些绵延不绝的快乐与烦恼，总是如影随形。如何看待和处理学生的头发的问题，其背后隐藏着一个教师的教育立场和信念。

头发的问题，究其实质，包含了诸多人性本能的问题。比如，对美的渴慕，对他人赞赏的期待，它们扎根于人性深处的本能之中，无论年龄大小，均如是。

邹振东先生在《请放过中学生的头发》一文中，有一小段话特别耐人寻味："我的女儿到了初三，有一天她忽然就开始无比纠结于她的头发了。到最后，我发现只有和她在头发上结成'统一战线'，才能赢得女儿对我的认同。只有解决了她的头发问题，才能进一步解决她的学习问题，直至人生问题。"

我好奇的是，不知道邹先生是如何和他女儿"在头发上结成'统一战线'"的，也不知道他们最后是如何"解决了她的头发问题"的，但我知道这个经历的背后蕴藏着教育的秘密，因为我自己也有过类似的经历。

我的女儿读小学四年级时，一个周日的上午，她对着大厅里的镜子，不厌其烦地折腾着她的头发。突然，她兴奋地尖叫道，对，就这样！原来，她把刘海拨向右边，然后用发夹夹住。之前，她的刘海一直自然垂直，遮住了整个额头。这样一改变，整个人真的变得特别精神，我不禁也在旁边大加赞许。我的赞赏，打开了女儿的话匣子。一聊才明白她为何如此在意自己的发型。就在上周五，她的班主任在课间夸她的衣服特别漂亮，很配她的肤色，她乐坏了。于是，她决定改变一下发型，这样，班主任一定会发现并再给予赞美的。到了周一，女儿上午放学一回家，我就迫不及待地问她，老师夸你了吗？女儿有点失望地说，没有，倒是很多同学都说"你怎么像变了一个人啊"。下午放学，我还是一开门就问同样的问题，女儿悻悻地回答"没有"。接下去的周二、周三两天，我都对这个问题特别好奇，但每次得到的答案都是"没有"。到了周三下午，女儿变得特别淡定，像是忘了这件事，反而觉得我的好奇有点不可思议。那几天，我真的是出于本能地希望老师能给女儿一两句赞美，甚至动过给老师打电话的念头。后来，我常常在咀嚼这件事情时，庆幸自己最后克制住了，没有向老师"求救"，否则，女儿就失去了一次自我教育的机会，因为在这个过程中，她体味到了满足、欣喜、快乐、期待、失望、失落、平淡、自在等生命成长中应有的各种滋味。孩子正是在这样一次又一次完整的生命体验中长大的，这也是教育的应有之义。

对于女生来说，不惜把时间和心思花在头发上，更多是出于爱美的天性。相反，如果一个男生突然刻意修饰起自己的头发，也许就不仅仅是爱美的天性使然这么简单了。

我一个老朋友的儿子读高一的时候，天天早上因花在整理头发的时间过长而迟到。朋友的老婆当时一谈起儿子，就气急败坏，她说，不管用什么办法刺激，他都悠悠然，不把头发弄到自己满意绝不出门。我跟他们开玩笑说，这是男孩长大的信号，然后猜测这小子可能喜欢上哪个异性了。在朋友夫妻讶异的眼神中，我跟他们聊起雄孔雀为何开屏的话题：雄孔雀身体内的生殖腺分泌性激素（雄性荷尔蒙），刺激大脑，展开尾屏。春天是孔雀产卵繁殖后代的季节。雄孔雀展开五彩缤纷、色泽艳丽的尾屏，不停地做出各种各样优美的舞蹈动作，向雌孔雀炫耀自己的美丽，以此吸引雌孔雀，向她示爱。待求偶成功后，便与雌孔雀一起产卵育雏。过后，朋友夫妻暗中打探，果不其然，他们的儿子上课的时候，总是要三番五次扭头去看"远处"的一位漂亮女生。朋友夫妻从此释然，当做什么事也没发生。不到一个学期，他们的宝贝儿子自己偃旗息鼓，理了个寸头，并在自己的房间贴上"马不扬鞭自奋蹄"的励志条幅。看来，在男生的头发里，更多隐藏着青春的秘密。我想，作为过来人的教师，遇到此类在头发上"张扬个性"的男生，自会理解和尊重的。

头发的问题变化多端，且其影响深入人的内心，甚至人性，若盲目与之直接对抗，必然导致悲剧的发生，反之，若我们坚守成全每一个学生的不变立场，再变化多端的问题也会迎刃而解。

杜郎口的"生意经"与"朱砂丸"

你相信神话吗？估计你对这样的问题不以为然。其实，你我总是在现实中不知不觉"接受"了一些"神话"，因为我们几乎每天都生活在"神话"当中。不信，请看：

大门两侧停靠着近20辆大巴，领队人员在门岗处按每人60元办理门票（听课证），参观者则在门口三五成群地合影留念。如果不注意杜郎口中学的招牌，很容易让人感觉这是到了某个旅游景点。

就是这所距离县城23公里、小院墙外就是麦田、只有初中班的乡村中学———山东聊城茌平县杜郎口中学，成了当前基础教育界课改的"神话"，自2007年以来吸引了50多万人前来取经。本报记者初到杜郎口中学之所见，只是日常一幕。

这是一篇登于《21世纪经济报道》（2010年5月10日）的长篇报道《杜郎口教改实验样本调查》的前言，我从中看到了三个"神话"：一是一个乡村中学成了当前基础教育界课改的"神话"；二是这个原来名不见经传的中学不是景点胜似景点，不到三年时间吸引了50多万人来参观取经；三是不到三年时间，这个收起门票的乡村中学，居然净收入 3000 多万元。

够"神"的吧，且慢，还有更"神"的，请耐心往下读一读《21 世纪经济报道》同一期另一篇报道的部分内容：

杜郎口中学向本报提供的统计数据显示，近 3 年来已经有 50 多万教育从业者到校考察学习。在不少茌平人的眼中，这所偏居一隅的乡村中学，可是茌平县城各大宾馆住宿业的"摇钱树"。

据当地人介绍，在茌平县志中根本找不到境内有任何名胜古迹的记载，也从来不是什么旅游目的地，当地政府也无发展旅游业的规划，宾馆住宿业并不景气，甚至当地政府的招待宾馆——茌平县宾馆在 2005 年底面临欠发员工工资、几近关门倒闭的困境。

而 2005 年，杜郎口中学被列为全国素质教育示范基地后，参观学习的人渐次络绎不绝，茌平宾馆因此而"起死回生"，目前，该宾馆正在筹建一高层建筑，以满足杜郎口中学参观者的高端需求。

不仅如此，杜郎口中学更是给当地唯一一家四星级酒店撑足了场面。

……

而本报记者在茌平县所属的聊城市本地一家白云旅行社也了解到，该旅行社 65% 左右的收入来自地接和组织到杜郎口参观的教师。

一位天津教育工作告诉记者，仅天津市每年参观杜郎口所形成的差旅、住宿费，就超过 2 亿元。

本报记者粗略算了一笔账：每位教师一次往返杜郎口中学所产生的差旅费和 60 元参观费相加至少为 300 元，以在山东逗留旅游 2 天计算，其消费至少是 3 倍的放大效应。

以此计算，近 3 年来超过 50 万的参观人群，给山东住宿、餐饮、旅游等第三产业，贡献了 45 亿元。

让濒临倒闭的宾馆"起死回生"，从门票收入 3000 多万元到贡献财政收入 45 亿元，这是怎样的"神话"啊！

虽然报道已经告诉我们，这是一所学校，而非旅游观光的景点，但恕我愚笨，怎是没能感觉出这是一所学校，反倒觉得更像是一个生意不错的公司。

在以杜郎口为基本模式的"中国名校共同体"的主张中，我的这个感觉得到了印证：

——学校的产品是课堂

——课堂应该是知识的超市、生命的狂欢

（请见 http：//blog.sina.com.cn/libuqima 公告栏的"主张"）

显然，课堂是缔造杜郎口"公司"诸多"神话"的产品，想破解杜郎口"神话"，还得从杜郎口如何制造课堂这个产品入手。

这个产品的品牌定位："知识的超市，生命的狂欢"。

在此定位基础上，这个产品找到了区隔传统"市场"的"营销模式"：预习—展示—反馈的自主学习，适应于此的，是"10+35"的课堂时间安排方式，即在课堂上，老师讲课不得超过 10 分钟，学生讨论学习、自我展示不得少于 35 分钟。

到过杜郎口中学的参观者无不对这个产品的"生产过程"印象深刻：没有讲台，三面黑板，俨然是一个热闹的集市：授课教师"靠边站"，学生三五成群簇拥在黑板前，边写边讨论。

那么，这个产品的核心竞争力何在？《杜郎口教改实验样本调查》一文给出的答案是：

据统计，2005年中考时该校268人报考茌平县一中，267人被录取，随后3年的中考成绩均居全县前三。

如此一路分析下来，你一定要哑然失笑了：以上种种，实在太稀拉平常了，在教育这个巨大的"市场"里，并不缺此类"产品"。

没错，"升学率＋教学新模式"的"产品"处处皆是，但它们缺的是杜郎口"公司"内外结合的"催化剂"。

先说外在的"催化剂"：高超的营销水平。这一招在企业经营上其实也是乏善可陈的，可是用在市场意识极度淡薄的教育界，可谓奇招。众所周知，杜郎口"公司"一夜成名更多得益于中央级媒体和权威出版社的包装推广，并在"轰动"效应的基础上，通过名家和体制保驾护航的"口碑"效应，实现效益的最大化。

杜郎口"公司"在其最新的"广告文案"——《杜郎口，到底在改什么？》一文中坦言，三年前，是某品牌策划高手以密集型的广告"轰炸"出杜郎口这个全国知名品牌的。也是在这篇颇有"卷土重来"之势的"广告文案"中，杜郎口"公司"如此应对"消费者"的质疑："杜郎口的课改很容易让人联想到当年的'蛇口之争'。"

于毫无逻辑的狡辩中高调地为自己定位，杜郎口"公司"高超的营销水平可见一斑。

值得警惕的是，过犹不及，过度的包装与伪装几乎是零距离的！

再说内在的"催化剂"：无情无理的军事化管理。按理说，歌声，笑声，读书声，声声入耳的校园，压根就与军事化扯不上边的，但这恰恰是杜郎口"公司"成功的管理秘笈。

"10+35"的课堂时间安排，是杜郎口"公司"课堂产品与其他产品的差异性所在，为了维护这个差异性，杜郎口"公司"的评价是绝对化、标准化的：

崔其升说，凡是有一个学生会，教师就不准讲，这是教学的基本原则。

……

杜郎口的零分课堂还包括：1. 课堂氛围压抑沉闷，"一票否决"，零分！2. 学生展示时有口语病，如"嗯、啊、哦"，零分。3. 学生在座位上回答问题，而不是跑到全班的"聚焦点"上，零分。4. 课堂参与度低，零分。……

——摘自《杜郎口，到底在改什么？》

校长、中层领导一发现教师"讲多了"，毫不留情"破口大骂"则是家常便饭，以下内容又是一篇经典的"神话"。

高俊英老师是教政治的，她压根没学过英语，却担任英语学科主任长达 6 年。她曾经在听过一节英语课后与任课教师交流，她问：你为何一讲到底？任课老师答，我不讲他们能会吗？高老师又问：你讲了他们会了没有？任课教师答，"反正我讲过了，不会是他们的事！"高老师接下来与学生们座谈，她问：老师讲过了，你们为什么没会？有学生这样回答，我也想学会，可我实在听不懂！高老师最后在英语组宣布，以后英语课教师课堂上一句话都不可以讲！

——摘自《杜郎口，到底在改什么？》

嘘，先不要笑，我们先来看看杜郎口"公司"勇于挑战常识的两项"破纪录"：一是压根没学过英语的政治老师居然担任英语学科主任长达六年；二是"英语课教师课堂上一句话都不可以讲！"

明白了我让你关注这两项"破纪录"的意图后，你大可伸伸腿，开怀大笑了！

笑过之后，你也就很快明白了：无知者无畏，无畏者无所不可为，无所不可为者无耻也！

由此可见，不管以上两个"催化剂"效果如何了得，杜郎口公司的"产品"还是破绽百出的。

我曾聆听崔其升校长三次大同小异的讲座，其挑战常识、自相矛盾的"豪言壮语"狠狠地考验着我的智商。比如，他口口声声说"公司"是实行素质教育和"人性化的人文管理"的，举的例子却是：哪个中层领导若是任教的班级成绩排名最后，则立刻被"斩无赦"，无条件地"贬"为一般教师，取而代之的是考试班级排名第一的教师。

这么一个由"有问题"的产品创造出的"神话"为何能如此"深入人心"，经久不衰？我曾一度像摸不着头脑的丈二和尚一样懊恼不已：泱泱大国，那个高喊"他什么衣服也没有穿"的小孩和最后确认的百姓哪里去了？

后来，随着"中国名校共同体"的运作，和不少著名"教育家"纷纷撰文为崔其升呐喊，我恍然大悟了：原来是我落后了，杜郎口真的把自己当公司了，他们念的是"生意经"，而我却虔诚地想从中寻得所谓的"教育经"。

　　既然是"生意经"，就需按生意的逻辑来看，不可书生意气地想把教育这只骆驼从钱眼中牵过去。

　　50多万的参观者，其中尽管有不少质疑者，但他们很快就不较真了，因为他们还真就把杜郎口当景点了，况且还顺带游玩了泰山等真景点，这笔"生意"还是划算的，再说，能暂时离开单调的工作，出来透透气，确实也是不错的"福利"。至于回去以后是否"跟风"上马该"项目"，那是领导的事情了，何况，"此人之肉，彼人之毒"的古训摆在那，领导们也不会傻到无事找事，自找麻烦吧。

　　看来，杜郎口公司早就摸透了"朝圣者"们此种占便宜的心理和游戏人生的心态。

　　摸准了中国教育这个病号的脉象，趁着课改的东风应运而生，这是杜郎口"公司"另一个高明之处。老态龙钟的中国教育早已百病丛生，无药可救了，多了"杜郎口"这帖药也不算多，而且，这帖药高举"高效课堂"的牌子到处吆喝，装扮出神丹妙药的几分媚态来。于是乎，一些长期把思想荒废掉的教育官员被吸引了，大笔一挥，一队队人马浩浩荡荡出发了。结果呢，结果当然是唯一的：一摞摞的钞票换来的是一堆堆互相抄袭的"材料"，谁都知道，这是用来糊弄上司的，当不得真！

　　如果说，顺时开药是杜郎口"公司"之所以成功的"天时"，则地处偏僻的农村就是它绝妙的"地利"了，杜郎口在占尽天时、地利，并研究透"消费者"心理的同时，使出浑身解数争取"人和"。你也知道的，在中国语境下，此处的"人"更多指握有话语权的"官员"和"名家"。杜郎口的权威营销绝对够威够力，还有什么比得过以下这则广告的效果。

中科院著名的心理学教授×××曾经悄悄地去过杜郎口，呆了3天，临走时才找到崔其升，她说，我来杜郎口就是想找一个厌学的学生的，我很"失望"，3天竟然没能找到一个！她说"杜郎口是独一无二的！"

——摘自《杜郎口，到底在改什么？》

呵呵，原来教授可以如此"叫售"，大开眼界了吧！

还有更让人大开眼界的是，当"消费者"们不断"投诉"、质疑之际，某"著名"校长挥毫疾呼，发起"保卫"系列奇文：

现今"中国特色"的背景下，居然出现了崔其升这样纯正的教育改革者，我实在不愿意看着他悲壮地倒下。因此，我最近写下一系列文字为他辩护，我真诚希望我们每一个理想不灭、良知犹存的教育者，支持杜郎口，宽容崔其升，保卫真正的改革者。崔其升做到了我们想做却不敢做或不能做的事，实现了我们想实现却无力实现的教育理想，因此，保卫崔其升，就是保卫我们自己——保卫我们追求的教育理想，以及我们心灵深处的教育良知！

有质疑不等于不支持改革，有质疑不等于就没有教育理想，没有教育良知啊！此种毫无逻辑的粗野论断，就像别有用心的口号一样，让人质疑！

保卫崔其升，怎么会是保卫我们自己呢？

难道为了保卫崔其升，可以不顾别人的思想多么糟糕顶透，都要任凭我们的头脑成为其跑马场！

保卫崔其升，真的就保卫住了我们追求的教育理想，以及我们心灵深处的教育良知？

是否保卫得住教育理想和良知，我们不得而知，但保卫住崔其升，可以完好地保卫住一整个利益集团的利益，倒是铁铮铮的事实！崔其升一倒，杜郎口公司将轰然倒塌，随之而来的是可怕的多米诺骨牌效应：每年千万的门票收入、专家不菲的"代言费"、依附在杜郎口公司身上牟利的专家、杜郎口公司员工外出讲学费、所在地区旅游服务业不少于45亿元的收入都将统统化为乌有。

平心而论，在中国教育舞台上，杜郎口在应试上的突破，不过是一个小小的胜利插曲，但是市场把它绑架了，并通过精心的包装，给予它一个严重违背教育规律、教育常识的无限膨胀的重要地位。毕竟，教育是教育，市场是市场，当教育和市场沆瀣一气时，必被以利益分配为第一原则的市场腐化得面目全非。

我们姑且把杜郎口用市场的手段殖民教育改革目的的闹剧称为教育改革的"市场主义"，这种极端的做法，让我想起丁学良先生曾在一篇谈"后发劣势"的文章中提到的一件事。

我父亲以前是兽医，所以，我在农村的时候听到过很多这样的事情，以前农村缺医少药，在科学条件不具备的情况下，小孩子生病用一般的中草药治不好的时候，最后就下狠招，我们农村里叫做"朱砂乌"。我小的时候，我们周边很多的孩子一听到这个东西就很惊恐，因为他们世世代代家里都知道用了它是得了绝症了。

一直到我长大了以后，到美国之后偶尔有一次看台湾的报纸，才知道我们讲的"朱砂乌"是因为我们乡下的口音不准确。后来一查叫朱砂丸，其成分主要是水银。在我们那个地方比我们大两倍的人中间，经常有一些人是脑子受过严重损伤的，就是今天讲的智障的人。一问就是小时候生过重病，救不活了，吃了朱砂丸，命是救下来了，但造成了严重的重金属中毒。

教育改革的"市场主义"就是"朱砂丸"，表面上让教育回光返照，一时半会儿死不了，实则已经造成了教育"严重的重金属中毒"，落下了无可救药的后遗症。

聪明的你一定心知肚明，我从杜郎口公司的"生意经"聊到"朱砂丸"，无非想说明这样一个道理：无数动人的"神话"背后，更多的是令人无限担忧的隐患，甚至是灾难！

"制造神话是人类的天性"，毛姆直抵人性弱点的讥诮，时刻警醒着我们。

虽然有时候我们不得不接受存在"神话"的现实，但我们完全可以不在乎也不用相信所谓的"神话"！

2011 年 7 月 14—18 日写

2015 年 6 月 19 日修订

守住教育的重心

　　当不幸来临，人们深埋于俗世几近麻木的神经才会因刺激而苏醒，开始又一次严肃地思考有关生命、人生和价值等形而上的老问题。这不，江苏省首位化学奥赛金牌得主王庆根在美国自杀的消息再次刺痛国人的神经，令人"太震惊了！太意外了！"

　　死者长已矣，任何妄评和猜测皆是对死者的不敬，然而，藉此来反思一些长期被密不透风的现实所遮蔽的东西，或许既是对死者的祭奠，亦是对生者的救赎。

　　在王庆根短暂的人生轨迹中，有两个片段引起我的关注。其一，1990年，出国参赛之前，全国各大名牌高校招生纷至沓来，当时王庆根完全可以选择清华、北大，但是最后之所以上了南大（南京大学），主要就因为"他家里太穷了"。南大当时开出丰厚的条件，足以解决他的经济负担；其二，2001年，王庆根拿到了斯坦福的化学博士学位，留在美国发展。不过，他选择了和化学完全无关的计算机行业。他曾在做电子地图的公司 deCarta 服务三年，2004年进入更为知名的 PayPal 公司。随后的八年，从普通员工做到高级工程师。事发前，他已经是公司的首席工程师。（以上

据《扬子晚报》/2012 年 4 月 28 日）

　　读大学和就业，无疑是人生最关键的两个转折点，王庆根的选择都出人意料，细思量，却又合乎逻辑，因为他每一步关键性的成长都与世俗名利形影相随。王庆根出身贫寒，他背着蛇皮袋赴考成了媒体报道中"寒门"的典型意象。从选择"足以解决他的经济负担"的南大，到因计算机挣钱多而选择转行，这些其实已经意味着，王庆根的人生天平上已倾向经济上的成功这一端。

　　一旦把经济上的成功，当成幸福的主源，这无疑会给人生埋下危险的隐患，正如美国著名教育学者内尔·诺丁斯在《幸福与教育》一书所指出的："当我们引导他们相信只有经济上的成功才算成功时，我们是否在把他们引向失败呢？"

　　遗憾的是，当今社会更多的人追捧的是"经济上的成功才算成功"的人生哲学，正是这种狂热的时代病牺牲了梦想、理性和信仰，以致让教育陷于举步维艰的困境。

　　我女儿就读的学校的一位中学语文老师李燕玲曾如是讲述了她的课堂遭遇。

　　李老师给八年级的孩子讲《旅鼠之谜》，提到作者位梦华是一个探险家，曾经六次奔赴南极，一次前往北极，办公室里摆着五米长的鲸须以及足以当作切菜板的鲸鱼脊骨。说到这，她环视全班，笑着说，将来我们班是不是也会有一个探险家？她以为应该会有男孩子喜欢探险的。但是一个男生率先不屑地大声说："还是等赚了钱再说吧。"她接着又说："西方的艺术家来到中国之后，经常会觉得诧异，为什么中国的艺术家都这么富有。"学生惊讶地质疑："没钱怎么当艺术家？"她说："艺术和钱有什么关系，做艺术家可不是为了钱。"学生回答："那当艺术家干什么？"她说："真正的艺术家追求的是艺术本身，他服从于他的使命，愿意投身于他所爱的事业。"学生脱口而出回答她的是："我没有那么伟大。"下课后，课代表过来跟李老师闲聊，她问李老师刚才是不是真的很生气，她安慰李老师说："不要生气啦，我们就是这样啊，现代的人都很现实的。"

李老师说："这不是第一次了。每次谈到梦想、理想，讲到生命的意义，学生们总是要提到赚钱。我问过他们，赚了钱以后呢，有没有以后？他们不予回答。"

这样的现实遭遇，李老师除了难受和无奈，还能做什么呢？今天我们谈教育，其实是一件比较尴尬的事情，因为我们正处在一个耻谈理想和精神的时代，权力和金钱就是一切，甚至就是宗教，就是信仰。身处这样的时代氛围和社会风气之中，所有人看教育的眼光都庸俗化了、单一化了。大约 70 年前，朱光潜先生谈美，有一个很著名的观点："我们对于一颗古松的三种态度——实用的，科学的，美感的"，他举例说，一个木商看到它，想到是做什么用，用来建房屋，还是做成家具，能值多少钱；一个植物学家看它，则观察它的枝叶花果，从树皮推测树的年轮等等；一个画家看它，则欣赏它的颜色、姿态、线条美等。但是，现在这个社会不管对于一颗古松，还是其他古建筑，我看只剩下一种态度了，那就是值多少钱，一切都物质化、庸俗化。同样，我们把古松置换成教育，所有人看它一样只剩下一种态度，那就是实用的态度、工具化的态度。

作为一种人生事故的自杀，虽不能简单从教育中寻找线索，但至少应该让我们在教育上加以警惕，自觉抵制时代和社会的破坏，并把教育的重心落在成全每个生命上——扩大每个生命发展的素质范围——品德、操守及富有创造性的智慧，而非默许甚至鼓励学生与社会同流合污，把"经济上的成功"作为人生唯一的追求。

教育的节奏

　　饭桌上，和女儿闲聊。她告诉我，她们班一位女同学菁的父母离婚了，菁跟了妈妈，因为菁的妈妈不会做饭，菁一天三餐都在外面吃，早餐自己在街边买，午餐和晚餐都到一个固定的餐馆吃，她妈妈按月去结算。我开玩笑道，真好，菁可以天天下馆子！女儿迅即应道，有什么好，我才不喜欢！我反问，你不是每次到饭店吃，都欢天喜地的吗？女儿答道，对啊，但如果我天天到饭馆吃，还会欢天喜地吗？

　　女儿的回答，让我一下子醒悟过来。我立即联想到饭桌上有时与女儿"怄气"的情景。

　　我好不容易做了一道新菜，女儿特别喜欢吃，一边吃一边夸，吃完了，还不停地问，还有吗？我特别有成就感，第二天就又炒了一大盘，没想到，女儿总是象征性地扒拉几下，好胃口无影无踪了。我特别生气：你不是喜欢吃吗？怎么剩下这么多？她恹恹说：不是昨天才吃过嘛！这个理由让我既窝火，又无奈。现在想来，我的生气毫无道理，因为女儿的理由是成立的：心理牵动生理，没了新鲜感，自然调动不了胃的消化功能，也就难有极佳的进食情绪。

也许是出于职业的下意识反应，我接着想到了平常听完公开课，老师们在议课时最喜欢说的一句话："这节课的确很精彩，但如果平时都这样上，学生的考试成绩一定会一塌糊涂。"每次听到类似的话，我总有一种不对劲的感觉，却道不出个子丑寅卯来。现在，我可以套用女儿的话来回答了："如果平时每节课都上得很精彩，对于早已审美疲劳的学生而言，还存在精彩吗？成绩不一塌糊涂才怪！"

原来，每个人皆有内在的生命节奏，即其身心状态按一定的规律呈现出周期性的变化，当这种变化与外部世界的节律相一致时，彼此和合共振，生命之美便无处不在，反之，生命则会处于失调、紧张乃至疯狂的状态。对女儿来说，重复即单调，这有悖她生命内在的日节律。对学生来说，每节课都精彩即不精彩，因为他们的身心里都藏着一个日节律、周节律和四季节律，天生就与一成不变的东西不合拍。

看来，人之喜新厌旧，乃其心理调节机制在起作用，我们用不着动辄拿起道德的武器征讨之，而应研究之，遵循之，应用之，比如，我们平时上课不可能节节都如公开课那般精彩，但如果在一定周期内，比如一周，或者十天半个月，精心准备一节"类公开课"，一定会深深吸引学生，从而给他们留下美好而又深刻的记忆，即使在此周期内的其他课都很平淡，甚至有不少枯燥的练习，学生依然会觉得你是个很会上课的老师，所以乐意学，如此一来，学生的成绩就不可能一塌糊涂了。

仔细一想，美好的教育，无不奠基于与每个学生身心和谐发展相应和的节奏之中。

有时候，当我想从记忆的大海中，打捞出小学阶段受教育的美好时光时，猛然发现，我几乎忘光了当年老师在课堂上授课的种种情景，但对偶尔语文课或数学课因故被变成体育课或自习课时的欢呼雀跃，一直记忆犹新。当年的老师哪里会想到，一个极为偶然的功课"变奏"，居然和我们的心弦形成了和鸣，美妙的余音至今犹在。这个发现，让我对教育的节奏有了更深一层的思考。

早在两千多年前，孔子就敏感地捕捉到了生命成长内在节奏的音符："吾十有五而志于学，三十而立，四十而不惑，五十而知天命，六十而耳顺，七十而从心所欲，不逾矩。"从人一生的成长节奏来看，还有一个年岁节律，即生命之序，每个生命阶段应有所学习有所变化，以达到与不同生命阶段之节奏相一致的生命状态。孔子无疑是一个"活明白"的人，他对教育的定位非常清晰：离开生命成长的内在节奏，任何教材、教法都难以奏响生命的乐章。

有意思的是，孔子为什么偏偏从十五岁谈起？也许是因为他这里谈的是各个生命阶段发展成熟的状态，而这之前的生命阶段只是成熟前的胚胎状态，故略去不谈。我因此大胆猜想，正是此处的略去不谈，种下了中国文化把儿童当成"缩小的成人"（周作人语）的种子，以致千百年来，我们的教育只有成人化这一个节奏在"独唱"。

更有意思的是，中国古人还有"三岁看大，七岁看老"一说，可见，古人早就发现，生命成熟前的胚胎状态关乎整个生命的质量，可惜的是，我们从未把古人这种源于生活经验的发现，转化为促进生命有序发展的教育节奏。

现代教育的价值恰恰在于，它发现了儿童，并使儿童视角成为注入教育湖泊的主流之一。作为现代教师或父母，须有教育的节奏意识，即应对学生的生命状态是如何由此及彼了然于胸，并以之为教育的基本起点。

有教育的节奏意识，意味着教师或父母在关注孩子的成长过程中，应有恰当的距离感。

先说时间维度上的距离感，即在孩子人格、精神成长的不同生命阶段，依据其表现出来的不同生命状态，应及时地变换适切的教育方式。比如，孩子在 1～6 岁的婴幼儿期，因其离不开他人照顾的情感需求而形成的依恋心理之故，他在这个生命阶段非常需要亲人的悉心陪伴，尤其是母亲的唠叨对他一生的人格形成至关重要。有研究表明，这个生命阶段有母亲的唠叨萦绕左右的孩子，长大后往往较有安全感，性格也较温和，也就是说，在此生命阶段，母亲的唠叨是幸福的叮咛，是生命的福音。但当孩子到了 12～18 岁的青春期，如果此刻母亲还没有学会闭嘴，而是一如既往地喋喋不休，即使唠叨的都是真理，到了孩子的耳朵里，基本皆成噪音或废话——要知道，所谓青春期，是生命渴望自主自由的狂欢阶段，它表现出来的叛逆行为，其实是想用自己内在的生命节奏，来"颠覆"那些外在的束手束脚之既定节奏。

再简单说几句心灵维度上的距离感，即在亲子关系、师生关系中，我们应把孩子看成是我们生命中"亲密的他人"。很多父母或老师，往往因为只记住了关系中的"亲密"这一层，所以，训导起孩子来忘乎所以，在"我是为了你好"的名义下，什么话都能蹦出来。他们忘记的是，孩子跟我们的关系再怎么亲密，也是"他人"，即他是一个独一无二的生命个体，有自己的感受和尊严，需要呵护与尊重。我们可以尝试做孩子生命中的"重要他人"，但千万不要模糊了"他人"的边界。

最后要提及的是专业维度上的距离感，即现代教师或父母应警惕：不能以牺牲孩子的好奇心、兴趣、想象力和原创力为代价，把教育纳入功利主义或意识形态化的节奏之中。

好比白云离开了蓝天，就构不成风景，没有了距离感的教育节奏，美感即成无枝之花。

当我们的家庭和校园，时时处处流淌着有益生命成长的节奏，教育之美即在眼前。

你有课程风险意识吗

一天凌晨两点左右，我起床上洗手间，发现女儿房间的门虚掩着，透出灯光。莫非忘了关灯？我蹑手蹑脚走到门口，往里一看，小家伙还没睡呢，正趴在床上，头探出来，被子盖在弯成拱形的身上，整个看上去就像一只小骆驼。我上前，好奇地问，怎么还没睡呀？女儿抬头问，几点了？只见她双眼布满了血丝。我这才发现，女儿的枕头上放着一本书，已经看了一大半。原来一直趴着看书呢。我问，什么书这么好看，读到不用睡觉。女儿说，《看见》。我有点不敢相信自己的耳朵，拿过来一看，正是柴静的《看见》。我让女儿赶紧睡觉，自己带着书到大厅。我睡意全无，一心想着明天怎么跟女儿聊这个事情。

第二天早餐时，女儿告诉我，昨天语文课，陈老师花了近一节课时间介绍柴静的纪录片《穹顶之下》。下课时，陈老师借给班级同学两本《看见》，让大家轮流看。她抢先得到书，所以要尽快看完，把书传给其他同学。我问，书里的内容你看得懂吗？女儿说，不是很懂，晕晕的。我笑笑，没说什么。女儿毕竟刚上七年级，说多了，估计她会更晕。

没想到，中午放学，女儿一进门，就兴奋地说，爸爸，我们政治老师播放《穹顶之下》给我们看了。我问，一节课看得完吗？女儿说，所以嘛，我中午要接着看，老师说了，不仅要看，而且要记住一些东西，期中或者期末考试时，他很有可能拿里面的内容当考点。嗯，我欲言又止，从 iPad 上搜出《穹顶之下》，让女儿接着看。

两天后，一个周末的晚上，女儿坐在餐桌前，一脸愁容。我问，怎么啦，没胃口？女儿说，不是，今天下午的信息课，计算机老师让我们看《穹顶之下》。同学说，已看过一半了，他就播放剩下的部分。我故意说，这不是很好吗？女儿愤然说，好什么好呀，计算机老师要求我们每人交一篇 500 字以上的感想。这样啊，看来我有必要和女儿谈谈《穹顶之下》，谈谈雾霾，谈谈柴静了。

我问，看了《穹顶之下》，你的第一感觉是什么？女儿答：太可怕了，太恐怖了！我说，大部分同学的反应和你差不多吧。女儿点点头，接着说，这几天厦门不是一直是雾天吗？我们同学天天在那儿喊，又是雾霾天，太恐怖了！我问，你怎么知道是雾天，不是雾霾。女儿笑了，说，透过云朵，还可见到蓝天，还有风一来，云会走。如果是雾霾，哪来的蓝天，云怎么会走？我狠狠地夸了女儿会独立思考后，继续问，你们除了觉得太可怕了，就没有别的什么行动？女儿说，没有呀，对了，现在我们年段每个班都有四五个同学坚持天天戴口罩上学。

我苦笑，看来这个结果是老师们万万想不到的。他们也许没有意识到，当社会热点作为教育资源被引进课堂，已经在无形中建构了潜在的课程。不同的课程输出不同的知识系统，进而塑造不同的人生，也就是说，每一个教师都应有课程意识，应充分认识到课程对学生一生深远的影响，所以，既要认识和发扬课程积极、有益的一面，也要警惕和避免课程消极、有害的一面。这一点，容后再谈。

我接着问女儿，你读了《看见》，看了《穹顶之下》，有什么感想？女儿想了想，慢慢地说，我觉得柴静太厉害了，她做了那么多反映社会黑暗面的采访，但说实话，《看见》这本书，我还是看不大懂。《穹顶之下》呢，拍得太感人了，尤其是开头，但后半部分，我就不怎么看得进去了，那么多数据，感觉有点无聊，有点烦人。

女儿的回答，大致在我的判断范围里。我问她，你知道吗，现在还有很多中国人每天中午吃的是黑鸡蛋和黑馒头？女儿睁大眼睛，大声问，什么？黑鸡蛋和黑馒头？我认真答道，是的。那些煤矿工人每天早上下井，中午就在井里面用餐，晚上才出井。他们带的干粮就是馒头和鸡蛋，里面没有水洗手，吃午饭的时候，鸡蛋剥开，就变成黑的，馒头也是。对他们来说，吃黑鸡蛋和黑馒头，不算什么苦，他们最大的心愿是，每天晚上能回到家中，看到老婆、孩子，跟他们一起在餐桌上吃饭。他们为什么要吃黑鸡蛋、黑馒头，要去做时刻都有可能付出生命代价的工作呢？

女儿若有所思，静静地看着我，似乎在等我说下去。我继续说，爸爸也很佩服柴静，她和她的团队所做的努力很有意义，这个纪录片水平之高，远远超出我的意料。但这个纪录片走的是感情叙事的路子，太容易感人，太容易传递情绪，太容易把人们的关注紧紧套牢在感性层面上，忘记了雾霾不是简单的"私人恩怨"，而是一个牵扯各种复杂问题的公共决策，它关系到每一个活生生的中国人，比如煤矿工人，以及更多类似他们的人，如果真的采取像片子中所说的"雾霾应该不惜一切代价治理"这种冲动式的决策，则有可能让更多的人付出生命的代价！对雾霾的探讨和解决，不能盲目讲道德、讲情感，更多的要讲理性！

女儿的眼神告诉我，她对我所谈的内容似懂非懂，尽管我已经绞尽脑汁，想办法说得通俗易懂。我赶紧刹住了话头。不管怎么说，这次谈话，至少让女儿意识到，任何一个问题都不可能孤立存在，应把它放到事物的具体情境和普遍联系中进行考察、思考。

回到前面提到的课程意识问题。除了潜在的课程，学校里更多的是显性课程，它既包含传授学科知识的国家课程，也包括学校自己研究、开发的校本课程。我所谈的课程风险意识，主要就潜在的课程和校本课程而言。毫无不夸张地说，现在几乎是有学校的地方，就有校本课程。问题是，在开发校本课程时，很多学校往往缺乏课程风险意识。

就我有限的观察、思考，我认为校本课程至少存在以下两个方面的风险。

一是价值导向风险。女儿小学时上了一年收藏课。刚开始的几个月里，女儿常常问，我们家有没有什么值钱的东西，然后翻箱倒柜地找。有一次，她好不容易找到一些看似有"文物价值"的东西，兴冲冲地带到学校，结果悻悻而回。原来老师告诉她，这些东西不值钱。我为此和她深谈，最后达成"共识"：收藏是为了向艺术致敬，向美致敬，不是为了增值，为了钱财。我由此担心，要是其他同学误以为收藏是为了挣钱，并从此迷上，对他们以后的人生而言，究竟是福是祸？

二是扼杀个性风险。有些学校的校本课程都是"师本化"，即老师有此爱好或能力才开设，却从未从"生本化"的角度权衡，不管学生性别、兴趣等差异，这往往容易变成学生的一种心智负担，扼杀学生的个性。

一厘米之变

坚持一厘米之变，即从能改变的地方开始，一厘米一厘米地努力去改变。小如一厘米的改变，如果它挑战了习以为常的教育行为中反教育的『习惯无意识』，积少成多，就能引发更多更大的改变。在我看来，与其整日企盼外在强有力的制度变革来改变一切，不如向内求和向外做，秉持一厘米之变的信念和行动。

润泽的座位

一

如果一个班级里的人数是奇数，比如 37 人或 39 人，你会让谁来单独坐那个座位呢？相信这是一个司空见惯的问题，但鲜有人去挖掘其背后蕴藏的教育奥妙。

发现并思考这个问题，源于我女儿读三年级时的一个受伤事件。

有一天晚上，女儿洗完澡换衣服时，我太太突然发现她的手臂上乌青一片。细问得知，女儿最近换了同桌。数学老师认为我女儿乖巧听话，学习好，与同学相处也不错，就让她和班级里的一个"刺头"男生同桌，希望女儿能在各方面帮助他。没想到，那个男生不仅学习习惯、卫生习惯皆很糟糕，且有暴力倾向，班里的大部分同学都挨过他的拳头。前几天上课的时候，那个男生时不时掐我女儿的手臂。女儿疼得直掉泪，但老师都没发现。女儿胆小，又受了那个男生的威胁，压根不敢告诉老师。

这怎么得了呢！我们很激动，很着急。待冷静下来后，我们还是理解老师的良苦用心，做了女儿的思想工作，给她提了一些如何跟这位男生好好相处的建议。可惜好景不长，才过两天，女儿的大腿又是乌青一片。还是那个男生上课时没事干，掐着玩的。看来，我们的判断有误。我赶紧找了女儿的班主任了解情况。班主任说，她先跟数学老师沟通，因为数学老师的本意也是为了帮助这个同学，下周再给我女儿调换座位。

到了第二周周一，女儿回家说，她又与原来的同桌坐一起了。我们舒了一口气，但很快女儿的一句话触动了我："×××自己坐一个座位，在教室最后一排，孤零零的。"

女儿的班级共37人，总要有一个学生自己坐一个桌。谁去坐这个座位，客观上就成了教室里的"孤单者"。长此以往，这样会不会对这个"孤单者"的性格形塑极其不利呢？学校里的领导、教师，尤其是各个班级的班主任，有无研究过这个问题：当班级的人数为奇数，怎么安排座位，才既不会对孩子造成隐性的伤害，也不会让家长充满不满情绪？

这个问题，引发了我强烈的好奇心。每次去听课，我都会下意识去观察这个班级有无单独坐一个座位的孩子。每次到学校讲学或专访，我也会经常和校长或教师聊起这个话题。遗憾的是，我听到的答案，几乎都是消极的。大部分的教师遇到这种情况，不约而同地把这个单独的座位运用到惩罚教育当中，即哪个孩子表现不佳，就罚他到这个座位上去坐。至于这样的惩罚是否会伴随隐秘的心灵伤害，没有谁有过片刻的省察。

对于这个日常教育实际中无处不在的问题，难道就没有一个出色的答案？

非也。

前不久，我在深圳市清林小学杨勇校长那里得到了精彩的回答。

在清林小学，有好几个年级的班级都是由 65 个人组成。教室的桌椅排成 8 排，刚好坐 64 个孩子，剩下的 1 个孩子不是坐在教室最左边，就是坐在教室讲台的右边。实在没有地方了，学校挺为难，很多老师也都为之苦恼不已。后来，有一个班主任想出了这样一个办法：凡本周表现好的孩子，老师奖励他下周在这个座位上坐一周——不能坐太久，因为让谁的孩子去做，家长都会很有意见，且客观上，这个座位对孩子的视力乃至心理或多或少都会有影响。这样一来，这个备受冷落的座位，变成了表扬的座位，吸引了更多的孩子想去坐。不但孩子们愿意去坐这个座位，而且家长们也纷纷鼓励孩子们好好表现，争取机会去坐这个座位。

你看，脑筋一转，把消极的处境变为积极的育人行为，这是多么美妙的教育艺术！

赞叹之余，我们不妨来一番理性的分析。"喜新厌旧"是有人性根据的。此处的"新"特指新鲜、陌生和新奇的东西。郑也夫先生在《后物欲时代的来临》一书中曾提到："生物学家做过这样的一个实验。他们把老鼠放在一个迷宫中。这个迷宫的有些地方对这个老鼠来说是熟悉的，另一些地方是陌生的。生物学家发现，老鼠不愿意停留在它最熟悉的地方。"

每周到一个"陌生"的座位去坐，符合成长中的孩子追"新"的心理机制。更为关键的是，这个"新"的座位无形中构成的适度刺激，暗合了人的炫耀本能，它可以激发出人潜在的正向能量。

二

当班级的人数为奇数，怎么安排座位？这个问题总算有了比较令人满意的答案。但另一个实际的问题很快接踵而至：当课堂上需要小组讨论或者合作的时候，单独坐一桌的学生怎么办？

　　在回答这个问题之前，我们不妨先来探究这个问题本身的价值和意义。

　　当教室里那个多出来的座位成了激励学生的媒介时，它无形中具有了区别性的地位。但如果学生在这一周内因为处于"角落"而得不到恰当的关注，比如在课堂中积极参与的情绪没有得到呵护，则其消极的一面将消解原有的积极因素。也就是说，美好的教育是在一个又一个不容出错的"踮步"中累积起来的良性循环，所以，这个问题本身就潜藏着润泽人性的价值和意义，当然，它最终的实现，离不开教师的共感共鸣和实践智慧。

　　一个教师对"特殊座位"上的孩子关注了什么，意味着他对这个孩子倾注了什么样的教育，我们从中往往能读出好教师的样子。

　　近读上海朱煜老师的专著《讲台上下的启蒙》，其中《伟大的琐细》一文中，刚好有一个令人怦然心动的段落，它给予我感动和启发。请允许我几乎原文不动地转引该内容：

　　朱老师有一次去听本校杨小君老师的音乐课。杨老师上课时，该班班主任王勇老师也来听课。王老师几个小小的举动给他留下很深的印象。有一个环节，杨老师请学生与邻座互相演唱给对方听。王老师发现最后一排的一个孩子边上没有小朋友，便走过去，坐在他身边，让孩子唱给自己听。当杨老师请觉得邻座唱得好的同学举手时，王老师鼓励那个孩子也举手，自我表扬。不仅如此，整堂课上王老师始终脸带微笑，温和的目光游走在每一个学生身上。当孩子们表演结束时，她率先鼓掌。有时看到哪个孩子有意思的举动，她会和同事笑着小声交流，宛如一位深爱着子女的母亲，正怜爱自豪地向别人介绍自己家的孩子的种种可爱。

王老师的几个细节，让课堂一下子变得无比柔美。感动之余，我为本节开头那个问题遐想了许多"大胆"的答案：每一个科任老师应该在备课的时候，就已经预设好了当出现需要同桌或邻座之间合作的环节时，如何关照到教室中"特殊座位"上的孩子，让他跟其他孩子一样可以处于互动的良好情绪中，当然最简便的做法是自己在此刻参与进来，与这个孩子互动；偶尔，科任老师可以主动请其他老师来听课，并在这个环节上客串"特殊座位"上的孩子的"同桌"；偶尔，科任老师也可以让"特殊座位"上的孩子在这个环节扮演教师的角色，让他观察同学之间的互动，并让他来谈谈自己的观察心得。……

教育虽难有一劳永逸的方略，但不让任何一个学生在我们的目光之外成为"边缘人""局外人"，则应成为每一个教师的基本素质。

一个老师最难做到的事情，并非获得多高的职称、多大的荣誉，而是如何做到对人性充分的关注、理解和呵护，并几十年如一日在"琐细"的工作中为每一个孩子的未来累积美好的态度、习惯。有时候，评价一个教师是否是好教师，从他对待教室里那个"特殊座位"的态度和方式，就可以一眼看出来，因为作为教育者，若不解座位背后学生微妙的心灵世界，则其与教育相隔的距离，不知要多出座位多少倍。这或许就是细节的力量。

同样道理，检验一所学校办得好不好，一个细节足矣。美好的教育蕴藏于学校生活中每一个以人为本的细节里。

换一个思路来理解，套用爱因斯坦那条著名的成功名言：好学校来自一分细节和九十九分的荣誉和成绩。假定做好每一个细节为学校工作的"一",学校获得的各种各样的荣誉和成绩(比如有多少学生获得各类赛事奖牌,有多少学生考上清华北大等等)为"九十九",二者之间是乘法关系,而非加法,这样一来,"一"就变得无比重要了,因为没有这个"一"(这个细节做不好,变为零或负数),"九十九"就白乘了。

细节于悄无声息处极大地改变着人性,而细节恰恰是我们今天的教育最容易忽视和忽略的,所以,教育最大的失败,莫过于没有足够的耐心来做好每一个细节,从而达到呵护人性的目的。

三

事实上,作为教师或者班主任,除了"特殊座位"的问题外,日常工作中遇到更多的是学生要求换座位的问题。因为常见,我们容易忽略换座位背后牵连着的千丝万缕的情绪,从而流露出漠视人性的态度,而自己却丝毫不自知。也因为常见,我们往往忘记了美妙的教育契机总是与各种事件如影随形的。

那么,当学生有了换座位的需要,教师该如何回应呢?

先说一个精彩的案例,来自《教师月刊》(2012 年第 10 期)的《她再也不换座位了》(作者:张玲军)一文。

开学没多久,学生敏就在短短的时间内三次要求张老师给她换座位。

第一次,敏嫌同桌太要强了,平时除了学习还是学习,就连课外活动也不肯放下书本,这让她感到情绪紧张,很有压力。她说想和杰同桌,因为他平时看起来学习挺轻松的,不会给她压力。敏已私下跟其他同学都商量好了。因为合情合理、大家又都同意调换，张老师答应了敏的要求。

第二次，仅仅十多天以后，敏再次来找张老师。她的理由是："杰其他都还好，就是英语太差了，有时候英语老师让同桌之间交流，他什么都不会！"张老师耐着性子帮她分析，杰其他学科都还好，你们在一起正好可以扬长避短。再说杰很开朗、很幽默，也很好相处，和他同桌应该不错。但是敏执意要换，并且同上次一样，自己已经物色好了人选——这次她选择了佳。于是，张老师决定再给她一个机会。

第三次，就在和佳同桌的第二天，敏又找到张老师，这一次投诉的是：佳太吵了。

张老师简直要疯了，几乎忍不住要发火：这个孩子太自我中心了！她很委屈哭道："真的不是我的错，他们都不适合我！"张老师只让她先回去，"等我有时间再来找你"。

敏走后，张老师很快冷静了下来。苦思冥想了两天，他设计了一个班级活动——挑棋子。

活动在一个下午举行。游戏规则是这样的——同桌两人为一组，每组都会拿到120枚棋子，其中白子60枚，黑子60枚。同组左边的同学挑出其中所有的白子，右边的同学则挑出所有的黑子。当裁判宣布"计时开始"，同学便可以动手，用时最少的同学为胜者。

比赛开始。张老师观察到，一半以上同学的第一反应是直接挑自己所需要的棋子，只有少数几个小组采取了不一样的做法——两人同时把一种颜色的棋子先全部挑出来，这样，剩下来的就是另一种颜色的棋子了。显然，相同的速度下，这种方法用时更少。

　　敏和佳采取的是第一种方法，两人各自忙着挑自己的棋子。比赛结束，采用后一种方法的几组同学大获全胜：他们比采用第一种方法的小组少用了几乎一半的时间。

　　当得知获胜小组的"秘诀"之后，其他小组显然都非常受震动，直后悔自己怎么没想到这样的办法。张老师要求同学们把自己的感受用文字写出来。

　　这次活动之后，敏再也没有要求过换座位，她在班级里的处境也大大改善，再不是那个与同学矛盾重重的女孩子了。

　　在张老师的教育智慧里，我获得了诸多启示：当学生换座位的要求变得"无理取闹"时，老师此刻的迁就则是冷漠的代名词。但老师积极的干预必须基于免于给学生造成伤害的原则，这个原则其实给老师提出了不小的挑战，它要求老师要有宽广的同情心，而这当然也要求教师要有丰富的人性知识。同时，它还要求老师具备创造性工作的素质和能力，能够"借机"帮助学生认识自我，并与他人建立起谐美交往的关系。

　　教育躲藏在座位里。

　　对于因座位而引发的错综复杂的问题，任何空洞的说教，不仅于事无补，而且败坏着教育的品质，从而让美好的教育消失得无影无踪。

　　要找到躲藏在座位里的教育，只需轻轻拉开遮蔽住人性的"布幕"即可：人与人之间的许多冲突和矛盾，皆源于琐事，有时候，一句刺耳的话语，一个蔑视的眼神，一个相左的意见，都有可能使人挥拳相向，引爆身体内潜藏的暴戾之气。

　　一句话，在未离弃暴戾，以智慧润泽人性的座位里，难觅教育的踪影。

有生命的道具

一

今天在厦门湖里实验小学听了三节语文课，突然想起一个有意思的话题：教学活动中，教师如何妙用道具？

也许有些教师会觉得，区区道具，何足道哉！其实，小小道具，大有学问焉。

巧的是，今天的两节课不约而同都用了道具，但效果天差地别，且听我慢慢道来。

先说贾志敏老师给四年级学生上的《爸爸的老师》一课。《爸爸的老师》是翻译家任溶溶写的一首童诗，内容大致如下："我"的爸爸是一个大数学家，今天，爸爸一副严肃样子，原来他要去拜访他的老师。"我"的爸爸还有老师，多么新鲜啊！"我"央求爸爸带"我"一起去见他的老师，爸爸答应了。一路上，"我"想爸爸的老师一定是一个胡子很长的大大数学家，有满肚子的学问。没想到，到了老师家，"我"居然发现爸爸的老师就是"我"的老师，不过"我"已经上三年级了，她还在教一年级。爸爸不仅管"我"的老师叫老师，还给她鞠躬。

　　贾老师课前在黑板上写了五个生字词，其中两个是"新鲜""鞠躬"。当学生朗诵完"我的爸爸还有老师 / 你说多么新鲜 / 这老师是怎么个人 / 我倒真想见见"这一节内容，贾老师问道："同学们，'你说多么新鲜'里的'新鲜'是什么意思？"学生纷纷应答："新奇"。贾老师表扬学生"答得真好"，接着问道："'新鲜'除了'新奇'这个意思外，还有其他意思吗？"教室里顿时静下来，学生陷入思考之中。很快，有几个学生跃跃欲试，但都不能把意思准确表达出来。这时候，贾老师从西装口袋里掏出两个小桔子，问："这是什么啊？同学们。"学生齐答："桔子。"贾老师接着问："能吃吗？"学生又答："能。"贾老师启发道："这个桔子没有变质，能吃，我们可以说'这是一个什么样的桔子？'"学生又齐答："这是一个新鲜的桔子。"贾老师总结道："对了，新鲜就是指食物、水果等没有变质，可以吃。"说完，贾老师把桔子放回口袋里。

　　在接下来的教学中，贾老师主要让学生起来朗读，并及时点拨、示范。临了，贾老师请两位女生到讲台旁，用略带激动的语气说："这两位同学朗读得特别好，我要分别送给她们一个礼物。"底下的学生兴奋地猜着，"老师要送她们什么呢？""噢，一定是桔子！"没想到，贾老师朗声道："为了对这两位同学表示鼓励，老师送给她们的礼物是——让她们各自再朗读一遍这首诗，大家可要用心'品尝'啊！"学生哄堂大笑之后，两位女生分别投入地朗读起来。贾老师点评完毕，笑着说："感谢这两位同学的朗读，这一次，老师真的要送她们礼物了，这个礼物是——大家其实都猜到了——"贾老师边说，边掏出口袋里的两个小桔子。当贾老师把一个桔子递给他左手边的女生时，她伸出右手，很快接过桔子，随即放入裤子的口袋里。贾老师递桔子给右手边的女生时，她则略弯身子，伸出双手，笑成一朵花，接过桔子后，大声道"谢谢"。贾老师再次表扬了两位女生刚才的朗读，接着问道："同学们，你们说说，刚才她们接受老师的礼物时，谁表现得更得体。"学生皆答右边的那个女生。贾老师乘机问"为什么"。几个学生起来回答后，贾老师总结道："正如同学们所说，这位同学（手拍着右手边女生的肩膀）表现得很得体，因为她很好地演示了我们今天学过的一个词语。是哪个词呢？""鞠躬。"学生异口同声答到。"鞠躬是我们中华民族对人表示尊重的一个礼仪。西方不这么表达，他们是握手或拥抱。那么，现在老师给这位同学鞠躬，行吗？"贾老师说着，做出要向右手边的女生鞠躬的"架势"，那个女生连连说道："贾老师，不敢当！不敢当！"贾老师停住，面向全体同学，说："这位同学为什么说不敢当呢，因为鞠躬是晚辈对长辈表示尊敬的一个礼仪，一般情况下，长辈不用给晚辈鞠躬。当然，有一些重要的场合，我们要表示感谢，也要弯身行礼，比如，今天这节课的精彩，是同学们带来的，我要感谢你们！"说着，贾老师深深鞠了一躬，学生鼓掌。

我把以上所写的内容打电话告诉好友王木春，他激动地说："这是有生命的道具。你一定要在文章中写下这句话。"是的，当这两个词语与学生美好的生命体验水乳交融后，学生一辈子都不会忘记她们。

是否"有生命"，可作为衡量道具在教学中是否有价值的一个重要尺度。

我要提到的另一节课是外地一位青年女教师给一年级学生上的《豆儿圆》。课文内容如下：豆儿圆，豆儿肥，豆儿住在豆荚内。秋天到，豆荚开，粒粒豆儿跳出来。集合排队动作快，跑进爸爸的大口袋。这位女教师专业水平甚佳，整个教学过程出彩之处不少，可惜因道具的错用而大大逊色，正如美食家在一盘美食中发现了死苍蝇，不仅胃口被败坏，心情也糟透了。这位女教师在让学生反复朗读之后，也评出了两位朗读很出色的学生，分别让他们站起来再次朗读。当学生读到"跑进爸爸的大口袋"时，女老师突然从口袋里掏出一个标示有"泰国大米"字样的编织袋，双手抓住袋口，一边跟着读"跑进爸爸的大口袋"，一边用口袋把学生的头整个儿装进去，接着用高亢的音调说道："这是给这位同学的奖品！"全班一片欢呼。

我在底下看到两个学生的头分别被罩入编织袋里，心一下子悬住了，仿佛看到香港警匪片里警察把罪犯的头罩住一样。这一节课里，女教师的道具也让学生有体验，只是除了恐惧和刺激，学生难有荡起生命涟漪的美好体验。

二

道具之用，一不小心，容易弄巧成拙，所以，尤其需要教师有随机应变的智慧。

写到这里，我不由想起一个也与道具有关的教学故事。四年前一个寒冷的冬夜，我和任勇老师在他的书房里泡茶聊天。当我们谈到"教师修养"这一话题时，任勇老师回忆起许多上个世纪九十年代初他在福建龙岩一中工作时的往事，其中一件妙用道具的故事让我记忆深刻。

当年，龙岩一中有一个姓林的语文老师，个子很矮，但上课很有激情，很有诗意。学生非常喜欢上他的课，也喜欢临摹他的粉笔字，因为林老师的书法水平很高。林老师上课有一个特点，板书量特别大，一节课下来，黑板要擦很多遍。

有一天临上课，三个值日学生擦完黑板，就恶作剧，把黑板擦放到黑板沿上面（以前的黑板边有一个水泥的"框"）。上课了，林老师习惯性地去找黑板擦，结果发现两个黑板擦都不翼而飞了。终于，林老师在个别同学小声地提示下，抬头看到了黑板擦。班里一阵小小的骚动，既有不怀好意的笑声，也有愤愤不平的神情。

林老师微微一笑，示意学生安静，随即拿起课本，开始上课。这节课上的是一首词。林老师跟往常一样很有激情，不同的是，他没有像之前那样"疯狂"去板书。林老师开始上课时，是站在黑板的右边，板书的时候，也是从右边开始，字明显比往常小一点，但更娟秀。时间一点一滴逝去，林老师不知不觉从黑板的右边站到黑板的左边，他的板书也从右到左，写满了整个黑板，但一次也没用到黑板擦。

这节课上完了，还差一两分钟就要下课了。林老师说，同学们，我们现在一起来回顾一下这节课的内容。接着，林老师从口袋里面拿出一块叠得整整齐齐的手帕，每回顾完一个内容，就转过身去，背对学生，开始边用手帕擦掉，边跟学生说，写在黑板上的东西你们都要记在心中，你看我们这节课先讲了这个内容，这老师擦掉，你们要记在心中，然后再讲这个内容，你们也要记在心中，老师擦掉了。回顾结束，黑板也被擦得干干净净的。完了，林老师说，这些板书老师擦掉，是为了告诉你们：知识，只有留在你们的心中才有价值，因为留在心中的知识是不用擦，也永远擦不掉的。

整个教室突然安静下来，安静到只有个别女生的啜泣声。突然，教室里响起了雷鸣般的掌声。林老师给同学们鞠了一躬后，返身回到办公室去。

这件事情本来是不会有谁知道的，但当林老师洗完手回到办公桌前，三个恶作剧的男生早已站在那儿了，他们自我检讨道："老师，我们错了，您怎么处罚都不为过！"于是，办公室里的同事了解了这个事情的经过。这个手帕擦黑板的故事也就很快在师生间传开了。

在林老师的课堂上，手帕不经意间成了道具，且在瞬间生成了"看不见"的教育力量。这块小小的手帕见证了矮个子林老师的伟岸，也让我们"看见"美好的教育背后迷人的东西：教师个人的功底和修养。

一厘米之变

　　一个周末，女儿的两个女同学到我家找她玩，我在客厅陪她们仨闲聊。当聊到老师们那些好玩的糗事这个话题时，她们兴致勃发，不断吐槽。无忌的童言，率性的表达，令我捧腹。其中一件糗事，我特别有感触，一下子就牢牢记住了：L老师的课是在专用教室上的，每节课都要点名。每次点到女儿的姓名时，L老师总是把"旻"字读成"文"，底下同学总是齐声纠正。L老师此刻总是大咳一声，清清喉咙，似乎表示知道了，让同学静下来，接着点别的同学的姓名。L老师执教这个班一年多了，每次点名，还是屡"教"不改地读错，同学们也依然乐此不疲地纠正。真好玩！

　　L老师近乎本能的习惯性反应，点醒了我。人是习惯的动物，总是日复一日地按惯常的既定方式做事，可称之为"习惯无意识"。有些"习惯无意识"属于行为性的，在情境变化后，经过短期有意识的矫正，可自然而然得到改变。比如，每年刚过完元旦，许多人在填写日期时，总是写成前一年的；又比如，我每次理了平头，开始几天，总会不由自主伸手去捋头发，仿佛我的那头长发还在。有些"习惯无意识"属于观念性的，要想改变它，真的比登天还难，因为既定动作或行为日复一日地重复，不仅成为习惯，成为自然，而且已积淀成为思想意识乃至性格的一部分，比如，对班级里的优生与差生，有些老师习惯于区别对待，连跟他们说话的眼神、语气等都截然不同，久而久之，这些老师难免会形成这样的观念：优生各方面皆优，差生各方面皆差。

教育改革悠悠万难，细思量，并非"顶层设计"不够美妙，亦非推广力度跟不上，而是再铿锵的改革步伐，几无例外要止步于观念性的"习惯无意识"。常听人说，我们不能改变这个世界，就改变自己。事实上，改变自己，也就间接改变了这个世界，因为我们每个人都是这个世界的一分子。但改变自己，谈何容易！每个人都活在观念性的"习惯无意识"里，对太多太快的改变，有近乎天生的恐惧感，抵制是出于自我保护的必然反应。所以，古人慨叹：江山易改，本性难移。

好在是"难移"，而非不能移。古人所叹之"难"，一则难在看见自己需要改变的地方，这需要自觉和反思；二则难在找到改变自己的恰当方式，这需要智慧和坚持。

怎么让整日忙碌的教育工作者，尤其是一线校长和教师，能在一地鸡毛式的工作中，觉察到一个个看似很小的教育行为，可点滴积累并逐步成为难解的大问题，从而有意识地克服观念性的"习惯无意识"，努力去改变自己？

这个问题曾如坚不可摧的高墙，阻挡在我的面前，深深困扰着我。感谢以下这则材料，它在给我震撼的同时，也给我启迪和力量。

柏林墙倒塌前两年，东德的卫兵亨里奇，射杀了一名企图越墙逃往西德的青年克利斯。1992 年 2 月，在统一后的柏林法庭上，亨里奇受到审判。被告律师辩称，亨里奇只是在执行命令，而没有选择的权利，所以罪不在他。

但是法官说："作为警察，不执行上级命令是有罪的，然而，打不准是无罪的。作为一个心智健全的人，此时此刻，你有把枪口抬高一厘米的主权，这是你应自动承担的良心义务。"

这就是著名的"一厘米主权"。2010年，它经由国家语言资源监测与研究中心等机构的权威专家审定，入选"年度新词语"，并收录到《中国语言生活状况报告》中。

把枪口抬高一厘米，意味着瞬间可以拯救一条在这个世界只活一次的生命，这是每个人葆有高贵人性的"良心义务"。一厘米，细微到可以忽略不计，但恰恰是它，往往使很多事情的因果发生了惊人的变化。

所以，我的答案是：坚持一厘米之变，即从能改变的地方开始，一厘米一厘米地努力去改变。小如一厘米的改变，如果它挑战了习以为常的教育行为中反教育的"习惯无意识"，积少成多，就能引发更多更大的改变。在我看来，与其整日企盼外在强有力的制度变革来改变一切，不如向内求和向外做，秉持一厘米之变的信念和行动。

可喜的是，这些年来，我遇到了不少校长，他们不仅善于独立思考，而且默默地承受着体制内外有形无形的压力，从能够改变的地方开始，一厘米一厘米地坚持，直至把小小的改变积淀为学校美丽的传统。

比如，厦门湖里实验小学的陈荣艺校长，他始终把为每个学生谋福祉作为教育目的，并认为要把学生培养成文明的现代公民，必须在学生的教养上下功夫，所以，他们立足学生未来发展的需要，制定了一系列学生的文明行为守则，并在践行的基础上，慢慢将其变成了学校独一无二的文化标识。举个小例子。湖里实验小学的师生无论是参加电视台的节目录制，还是其他大型的社会活动，结束后，所有师生都会自觉留下来，把身边的垃圾全部清理干净后，才有序离开。

又比如，江苏省溧阳实验小学的张康桥校长，他如是解读教育：未经与学生的生命体验建立联系的教育，不仅苍白，而且有害无益。他们学校的各种活动都是基于这个理念来设计和开展的。举两个小例子。其一，毕业典礼淡化向后看的感恩主题，突出向前看的未来主题，每年都开展"种植梦想"的活动，让学生写下自己未来的梦想，装入瓶子，"种"到学校操场专辟的"梦想园"。此活动旨在唤醒学生的独立意识（有属于自己的梦想），并让他们在对未来的憧憬中，点燃热爱生活之火。其二，改变六年级学生给一年级新生系红领巾的惯例，让每个六年级的学生为每个一年级新生精心准备一件礼物，并写下祝福的话语。开学第一周，每个六年级的学生到一年级的班级，赠送礼物，互相认识。此活动既让一年级小朋友感受到来自大哥哥大姐姐的关心，又让六年级的学生体验到时间的流逝以及成长的滋味。有一个六年级的学生在作文中这样写道："时间过得真快啊，当年我就是在这个教室接受六年级大哥哥礼物的，没想到今天我变成了来送礼物的大哥哥啦！"

这些年来，我还遇到不少教师，比如湖南的陶妙如老师、西安的张青娟老师，等等。她们不计名利，乐此不疲地做着一些看似微不足道的小事。她们一厘米一厘米累积的，既是为师之大爱，也是为师之大格局。

举一个陶妙如老师的例子。陶老师当了二十几年高中班主任。刚开始当班主任时，她发现，每年新生报到约略等于卫生大扫除，师生之间不能在第一时间进行有效的沟通。于是，她改变了做法。以后每年新生报到的前一天，她都请来丈夫和女儿两个帮手到教室，一起做卫生大扫除。一般是丈夫负责"上层"工作，女儿清理地面工作，她负责装饰工作。一家三人常常一忙就是三四个钟头，将教室从天花板到地面，从桌面到柜里搞个彻彻底底；又调整课桌高低，横竖摆放成行。满意之后，她接着完成最后一道"程序"：将红色粉笔浸了点水后在黑板上写上第二天的班会主题，诸如"细节决定境界"。写完后，一定要用黄色粉笔逐一勾勒勾勒。做完这一切，她还要走到后门往里瞧，看感觉如何，又从前门往里看效果怎样，再站在教室后面看看。

不要小看这些校长和教师的一厘米之变，它们是提升教育品质的基石，也是让这个世界变得更好的一种方式。

拒绝声，多么美

一

上海一个 12 岁孩子的母亲，涉嫌诈骗外逃，警察向学校提出要找这个孩子问话。校长断然说"不"——警方不能直接问，但可让班主任和老师配合询问，因为这种做法撕裂亲情，践踏伦理，会对世界观和价值观尚未成型的孩子造成心灵上的伤害，学校有责任保护其健康成长。

这一声坚定的"不"，为这个校长赢来了"最牛校长"的网评。

这久违的拒绝声，仿佛来自冬夜温暖炉边的小酒，缭绕着呵护人性的醇香，沁人心扉。我的记忆之门不由地一次次洞开，走进同样迷人的拒绝声中。

梁文道先生在《我的老校长高锟》一文中，曾深情写到高锟校长的拒绝声。当年的高锟校长，在梁先生和一帮香港中文大学的学生看来不过是一个"糟老头"。他们不仅在报纸上发表以"八年校长一事无成"为标题的文章来总结他的政绩，而且因高锟接受中央政府的邀请，出任"港事顾问"，在一次大型集会上，学生会的学生在底下站起来，指着台上的校长大叫："高锟可耻！"更出格的一次是，高锟在对新生发表欢迎演讲时，他们冲上去围住了他，塞给他一个套上了避孕套的中大学生玩偶，意思是学生全给校方蒙成了呆头。现场一片哗然，高锟却独自低首，饶有兴味地检视那个玩偶。当时有记者跑去追问正要离开的校长："校长！你会惩罚这些学生吗？"高锟马上停下来，回头很不解地反问那个记者："惩罚？我为什么要罚我的学生？"

高锟憨厚的反问里，藏着掷地的拒绝声，只是面对学生，他理直气不壮，尽显温润本色。

面对"我的学生"，上海校长和高锟都自觉地坚守教育的人性原则，始终把"保护"学生的健康成长放在最重要的位置上。

在今天这个物质至上的社会，即使是校长和教师，都难免深陷其中，把教育视为名利的阶梯，久而久之，他们不仅把教育的目的抛在脑后，而且面对各种败坏教育的庸俗做法，早已丧失拒绝的能力，因为他们把权势和金钱安放在最重要的位置上。

那些在教育的田地里像农民一样，虔诚地守护着教育的目的和原则的人，变得越来越少了。每次想起那些在自己的一亩三分地守住尊严的教育者，我都肃然起敬。

写到这里，我的脑中不由浮现起林心明校长瘦弱的身影。自1994年创办福建泉州第二实验小学以来，林心明校长在一次又一次的拒绝中，让学校卓然站立在老百姓的心田。

林心明对于礼物的拒绝，在一些人看来简直不可理喻。林心明从不让任何人到他家里去谈工作的事。每个到学校找他的人，若是带着礼物，到门卫处，都要先把礼物放门卫那里，谈完事必须带走。他的铁律是，不管是谁，一律平等，只要是合理之事，他都会尽力尽心办理，若是留下礼物，事情的性质就变了，就是交易了，他一定置之不理的。

创校伊始，林心明就拒绝分什么实验班、重点班。所有新生入学，都是随机抽签安排的，包括学校所有教师的子女就学一年级时也无一例外。所有的教师都很支持很配合，因为这已成为学校的一个传统。

对于"不健康"的荣誉，林心明从来都是坚决说"不"的。有一次，学校的围棋队参加市里决赛，参赛的队里共有甲乙丙丁四位学生。带队的校外教练为了确保获得团队冠军，拟动员丙故意输给甲，并要求校长出面做工作。林心明却说："这孩子在小学阶段也许只有这次参赛机会，为了学校而委屈他，我做不到！学校以集体名义扼杀个人，这对孩子的个人成长是不公平的。学校不是为荣誉而生存的，学校是为孩子健康发展而存在的，学校若为了荣誉，不及其余，那是短视的，是反教育的'负发展'！"

在林心明心中，不仅每个学生是他的宝贝，每个教师亦然。他拒绝给教师"排名次"，并高度警惕日常管理行为是否含有给教师"排名次"的隐性评价。比如说编班，一些有钱有势的家长常常跑去找他说要挑哪个班，他就不留情面予以拒绝。也有家长找他说，你能不能帮我找一个好一点的老师。他说，你这样让我很难办，每个老师都有每个老师的特点，没有什么好老师和坏老师。他是这样考虑的，校长亲自把这个孩子调到这个班，1234几个班，你把这个班的老师当成1，就等于是看不起其他的3个班的老师，这样是不是很难办？在他眼里，每个老师都是宝贝，每个老师都是最好的。

林心明始终对教师搞有偿家教和学生托管、寄养说"不"，他的理由很"迂腐"，却切合教育的基本原则："教师应该努力成为精神世界丰富的群体，不能整天在物欲的洪流中翻滚。"

在以上三个校长的拒绝声响起之处，皆摇曳着教育高贵的身影，多么美！

二

事实上，在今天中国僵硬的教育体制下，不管是谁，都只能在体制的隙缝间做一些微小的尝试和努力，如果你想跟游戏规则说"不"，争取一点个人自由呼吸的空间，结果可想而知：你必须付出巨大的代价。正因此，那些穿越俗世利益的拒绝声，自然多了些许悲壮美。

近日，一条《关于取消硕士生导师资格申请》的帖子，把海南大学人文传播学院副教授张江南推到了风口浪尖。在了解整个事情的来龙去脉中，张江南老师一次次响起的拒绝声，令我无比感佩。

张老师的请辞申请传到网上后，院长告诉他"允许你今年招一人"，但他拒绝了。"不能先羞辱我，再给我开恩，让我感激涕零。"事后，他引用清华大学法学院许章润教授的说法来描述知识分子的生存状态："从制度性的羞辱到日常性的羞辱。"

在张老师看来，学术绝不能成为权力掌控的东西，用项目经费做诱饵，用计件工资式的考核做罗网，把大学教师在学术和思想上应有的自由和道义担当扼杀殆尽。所以，他选择了默默对抗，坚决不申请"无聊的课题"，不攒"无真正学术内涵的文章"，而是把精力和心思花在难度与价值远远超过"写什么论文专著"的真正学术上。张老师翻译了英文原版亚里士多德的《诗学》、伊壁鸠鲁现存的所有文字、马可·奥勒留《沉思录》六章、德文版的康德《判断力批判》中"美的分析"下的两个契机、荷马《蛙鼠之战》、《古希腊罗马警句》近百篇等。许多译稿他都加上了自己的注释。

2003 年，他创办"大樗树下"学术网站，发布收集、整理来的学术资料。网站最火的时候，文章的阅读量一天可以达到两三万。广告商和买主都找过他，"我见过不少学术网站和金钱沾边之后就变味甚至垮掉"，他断然拒绝了。

王小妮是张老师的同事，平时几乎没交往，得知此事后，她的评价甚为精准："当介入很深的学术状态后，学术赋予张江南力量，让他敢于反抗。"

其实，像张江南老师这样，以极其微弱的学术力量和满腔的教育理想艰难生存的教师，不乏其人。

我的朋友许锡良君，是广东某高校的老师，他在博客如是写道，他曾尝试做一个另类的学者，但非常之难，因为，一系列逆淘汰的规则把他边缘化了。他也尝试着做一个脱离通常规则的大学教师，即无课题、无经费、无科研成果的"三无教授"，按照自己的兴趣去读书、做学问和上课，享受做一个教师纯粹的快乐。事实上，他一直是这样做的。但是，他很快发现，这个代价是非常高的，高到自己差点要下岗。他明明做出了一流的成就，但是不得不接受社会给予的九流待遇。一大家人要靠他养活，上有七十老母亲，下有一堆孩子（因故承担其弟两个孩子的抚养责任），这些家人生活在社会的底层，也是"三无"：老人无养老金，孩子无户口、无学籍。

人不能仅仅为了物质而活，但紧巴巴的日子确实也容易挤瘪人的尊严，所以，如此处境之下发出的拒绝声尤为可贵，其坚守的姿态很孤独，也很悲壮，但很美。

三

我们正处在一个物质崇拜的时代，权力和金钱高于一切，它们肆无忌惮地损害着人性。教育正是在这样的时代背景下遭遇了异化，并在不知不觉中也参与了对人性的损害。

不久前，一位多年前我教过的高中学生虹来家里找我聊天。虹师范学校本科毕业后即失业，长期流落于我所栖身的 X 市当代课老师。2012 年，Z 市的实验小学招考教师，虹刚好符合条件，就报名参考，并过五关斩六将，跻身进 Z 市公办教师的行列。有时候，身份的改变往往意味着甜蜜生活的到来。

没想到，刚一落座，虹就说，朱老师，我现在越来越心虚，觉得自己变得越来越俗气了。原来虹在 X 市代课期间的基本工资每个月 3000 余元，加上其他福利，月均工资约近 4000 元，平时吃住在学校，几乎没什么开销。虹现在的月均工资约 2000 元，自己租房，吃自己的，每个月下来，虽不至于捉襟见肘，但也没见到什么钱。她感慨，没想到地区差异如此之大！但这还不是她变俗的主要原因。

虹接着说，我刚当班主任时，因初来乍到，很多事情不懂，就交给我搭班的老师处理，她对很多事情的处理，大大超出了我在 X 市这么多年的工作经验。比如，一开学，她和我一起开班会课，她居然让家里有小轿车的小朋友举手，还分发了一张家庭情况调查表，让小朋友带回家让父母填写，其中父母各自的收入和家庭的年收入是必填的栏目之一。后来，她在班级名单上，做了很多不同颜色的标志，从班干部任命到座位安排，她都是根据名单上的"身份"酌定的。我开始以为她比较"异类",没想到,我慢慢发现很多老师手上都有类似的名单,最为搞笑的是,每次不论大考小考,一改完试卷,就有很多老师拿着名单,在办公室公开给那些"有身份"的家长通报孩子的成绩。后来我才明白,第一时间通报分数,也是一种"待遇"。我为什么说我变俗呢,因为我从一开始的反感,到慢慢习惯,到现在居然也跟着这么干了。虽然站在讲台上面对孩子时,我经常会有愧疚感,但现在我已经习惯在心中给每个孩子按出身贵贱"排序"了,而且自然而然地会在日常教育中"区别对待"。比如,某某局长的孩子迟到了,我不至于大发雷霆,但某某市民的孩子迟到,我可能会大动干戈,打电话给家长"投诉",或责令他到校接受我的训斥。以前在 X市,我每年会读一些书,现在是看到书就打瞌睡啊。偶尔想想这些,我会骂自己怎么这么不要脸,但人首先要生存下去,要不要脸只能在其次了,每次我都这样安慰自己。

我听后良久未开口,我知道,在几乎不可改变的环境中,人为了更有安全感地生存,不得不在媚俗中任由人性萎缩。只不过,令我万万没有想到的是,今天的教育竟异化到如此荒唐的地步!

在一切几乎皆被异化的时代境况下,教师,应努力挣脱"我不过也是时代的受害者"的惯性思维,葆有职业的良知,对各种有可能污染职业并使之蒙羞的行为说"不",让自己站立在职业的荣光之中。

亲爱的老师,当你每日行走在教育的田地里,是否反躬自省过:我学会拒绝了吗?

行文至此,我不由想起那个令我无比尊敬的老教师:吴非。他是教育界的"硬骨头",他的"拒绝声"常常响彻我的心间,并让我明白这样的道理：人性的觉醒始于对强权的拒绝，也始于对日常看似平常的教育细节的谨慎和坚守。

1997年，吴非老师和南京师大附中的语文同仁作了一次大胆的作文教学尝试——组织高三的学生进行"高三社科论文写作"。这项教学活动延续了12年，其间，某校长听到吴非老师称赞学生有关文化建设的论文，热情地说："我来把它寄到国务院去！"

吴非老师断然拒绝，他说："不要把学生的文章当做自己的'政绩'，用来吹牛抬轿子。再说，'寄到国务院去'做什么呢？国务院不负责改中学生作文的。"

在功利的时代和社会，自觉警惕功利的侵蚀，对领导如是，对学生亦然。吴非老师教了一辈子书，坚决不收学生家长的任何东西。他曾说："连学生家长给我一瓶醋，我都不要！"

爱学生必须爱得纯粹，不容任何物质化的东西玷污。这是吴非老师"不近人情"的拒绝声背后迷人的美德！

柔美的教育

出外讲学，常被问到：朱老师，你对×××教育怎么看？你本人更倾向于×××教育，为什么？

对第一个问题，我要么避而不答，要么答道：不管怎么说，如果它能抓住大象的鼻子，或其他部位，即所谈都在教育范畴内，只要他们的探索以人道为底线，我都给予诚挚的敬意。当然，在这个积极的回答背后，我隐去了较为消极的忧虑：眼下打着各种旗号的×××教育，罕见能自成流派，倒纷纷成了利益江湖的盟主，比的是吆喝声，而非面对真问题的勇气和智慧。我常常选择避而不答，原因即在此。

对第二个问题，我往往如是答之：我不倾向于在教育前面再妄加什么修饰语，非得加一个的话，我选择"柔美"一词，之所以更倾向于"柔美的教育"，很大程度上受《圣经》在马太福音第六章里的一段话的启发："不要为生命忧虑吃什么，喝什么；为身体忧虑穿什么。生命不胜于饮食吗？身体不胜于衣裳吗？何必为衣裳忧虑呢？你想野地里的百合花，怎么长起来？它也不劳苦，也不纺织，然而，就是所罗门极荣华的时候，他所穿戴的，还不如这花一朵呢！"耶稣的教导里，蕴含了"柔美的教育"之真谛：

美好人性顺其自然地成长，胜过世间任何外在于生命的权力和财富，教育本质上是柔美的，每一个像花一样自然成长的生命，都应该得到应有的尊敬和祝福。

回到现实中的教育，所谓柔美的教育，有两个简单而又基本的标准。

一曰，教育的钝感，即自觉独立于时代潮流之外，对外在于生命的权力和金钱有一定的钝感力，这是教育健康生长所必需的免疫系统。

当今社会，除了拜金，人们顶礼膜拜的唯有权力。遗憾的是，这种时代烙印在许多教育行为中若隐若现，我们却浑然不觉。前不久，一位教师朋友无比烦恼，向我大吐"苦水"：班上一个帅气阳光的男同学，擅长演讲，很有表现力。有一次，德育主任安排他在某次"国旗下讲话"活动中脱稿演讲。可能讲稿太长，他反复背了好几天，还不能脱稿。德育主任很着急，要求他每天下午第三节课到学校排练室背稿，该男同学很不情愿，找理由推脱，实在推不掉，干脆搬出班主任来，说："快期末考了，我们班主任不让天天去背稿，他说，学习要紧！"见德育主任脸一黑，转身离去，该男同学得意地回到座位上。不一会儿，校长到了教室门口，叫该男同学出来，要求他即刻去排练室，该男同学故伎重演，搬出了班主任。校长勃然大怒，吼道："你说，是校长大，还是班主任大？你赶快去排练室，校长给你担保！"整个教室的同学纷纷抬头，望向门口，目送该男同学灰溜溜走向排练室。朋友说，他是冤枉的，是那位男同学"栽赃"他的。对该男同学的"信口雌黄"，我相信德育主任和校长是判断得出来的，倒是那句"你说，是校长大，还是班主任大？"让我的胸口隐隐作痛，一下子想起许多类似的日常教育行为。比如，老师经常这么告诉学生，上级领导要来检查，我们要做好卫生大扫除；因为班级一些孩子的不良行为被校长发现了，班主任面对全体同学大发雷霆：这种事情连校长都知道了，你们丢不丢脸！还有校庆等各类活动，这样的情形随处可见：炎炎烈日下，上千师生站在操场上，汗流浃背，各级领导们乌压压一排，坐在阴凉的主席台上，一个接一个拿稿宣读，一读就是个把小时，甚至更长。

学校绝非奴化的场所，应把所有的精气神放到让孩子像孩子一样生活的工作中，这才是柔美的教育应有之义。

要"让孩子像孩子一样生活"，需对所有反教育的行为有钝感力——自觉的防火墙意识。这不由让我想起钝感力极强的杨勇校长。

杨勇当了十几年的校长，在学校自己创办的各种活动中，从来没有主动邀请过任何领导来剪彩或念稿等。其学校的各种文化布置中，也不见任何"领导关怀"的照片或题词。他不仅一直这么做，而且还跟家长们说他这么做，以及为什么这么做。学校本来就应该让文明的薪火照亮更多的人，杨勇校长这么做，摇曳着教育柔美的身姿，无比生动迷人！

二曰，教育的敏感，即教育者的目光是对人性的深情注视，能敏锐地捕捉到人性深处的需求和疼痛，并给予无限的呵护和体贴，它直接关乎教育的本质，让教育像教育一样柔美地发生。

也许是因为受日复一日琐细工作的磨损，许多教师本应敏感、体贴的心灵变得越来越麻木、坚硬。当一个教师的心灵开始粗鄙化，其教育行为也就随之开始粗鄙化：目中无人，随心所欲，丧失了教育的敏感。曾有一个学生花了两三个晚上的时间，亲手制作了一份贺卡，在教师节当天送给某老师。某老师在办公室泡茶时，随手把这张贺卡作为杯垫。巧的是，送卡的学生到办公室交作业，发现了他的心血"泡汤"了。更绝的是，当天轮到该学生到办公室值日，他又发现，他的心血在垃圾桶里成了垃圾！

教育者看似习以为常的各种行为，无不与教育血肉相连，因为它将构成学生的内心生活——他们的精神面相，<u>丝丝缕缕皆来自他们所受过的教育</u>！

所以，那些对学生成长体贴入微的教育者，对各种习以为常的非教育性行为反应异常灵敏，比如原泉州第二实验小学的校长林心明。有一次，一位家长告诉林校长说，林校长摸了某个学生的头，这个孩子回家后会无比兴奋地向家长提起。林校长开始还很高兴，以为他能够用适当的肢体语言传达对孩子的关爱，但随即又警觉地问自己："你是谁呢？你是活佛吗？你只不过是为学生创建良好成人环境的服务者。在你自己管理的学校里，孩子被校长摸摸头觉得那么荣耀，这正常吗？是不是封建意识中培养'顺民'的思想根深蒂固地影响着自己？"这一反思，时刻提醒着林校长："一切教育必须以尊重学生独立人格为前提。"学校是健全人格的地方，必须平等对待每一位师生，不能说一套做一套，让师生产生做人的道理和现实生活是剥离的之感！

林校长深谙教育之道：人格为根，师生为本。这八个字告诉我们，每个老师和学生都是学校的根本，刻意去提什么"老师第一，学生第二"，是钻牛角尖，起到的只是对教育隔靴搔痒的效果。

教育要平等对待每一位师生，让其心灵敞亮，关键在于"打开"的方式，它不仅考验着教育者体察人性的敏感，还需要他有

"具体化改造"的实践智慧和能力。行文至此，我有点迫不及待地要与大家分享一个关于"打开"的小故事。

北京师范大学厦门海沧附属中学的蔡稳良校长在巡校时，发现几个男生围着操场附近一棵几乎光秃秃的桑树，正上蹿下跳采摘零星留存的桑叶。蔡校长上前交流后得知，养蚕的学生太多，学校就这棵桑树，大家只好每天来这儿碰运气。蔡校长吩咐学生，找到桑叶，采摘时要小心，并跟他们保证，学校会重新种植桑树。学生齐欢呼。蔡校长说到做到，很快在学校的一些角落种上桑树。不用我多费口舌，大家都清楚，若非遇上对教育敏感的蔡校长，那几个男生估计至少要写检讨吧。

谈完柔美教育的两个标准，你会发现，我之所以说它们"简单而又基本"，是因为人人皆知，而问题又恰恰在此：人人皆知，并非人人皆能做到，要不然，教育早就十分柔美了！

自迟到看教育文化

女儿读初中后，没有小学时那么从容了。最明显的变化是，每个清晨，她总要边吃边问，几点了？一看时间快到了，就匆匆扒几口，草草了事。我反复劝她淡定一点，早餐是第一大事，她都说，我知道，但再吃下去，就要迟到了。每次和她道别后，我就很纠结，是告诉她迟到没那么可怕呢，还是调整时间，让她早点起床？显然，乖顺的女儿视迟到为天大的事，不会听我的，但每天晚上做作业都做到那么迟，睡眠也很重要呀！我相信，绝大多数父母和我有类似的想法：比起那些无比宏伟的教育改革方案，诸如不要让迟到影响孩子的睡眠、吃饭这等小事，更为值得关注。

提起迟到，尤其是学生的迟到，它是教育生活中的一部分，教师几乎每天都会遇到，让人意想不到的是，它就像试纸，很快就能检测出不同教育行为背后的价值含金量。

不久前，到某市一所重点小学讲学，校长带我参观校园。每到一处，他都能结合学校的教育理念，娓娓道来为何如此布置。上课的音乐声响过后，我们恰好走到操场旁的榕树下。这时，两个男生急匆匆迎面跑来，见到我们，一脸慌张，从动作上看得出，他们稍有犹豫，似乎想躲闪。见无处可躲，他们就硬着头皮继续往前跑。我身边的校长突然像变了个人，铁青着脸，往前跨几步，站定，厉声呵斥道，你们两个是哪个年级哪个班的，已经上课了，知道不知道！待学生答后，校长手一挥，大喝：还不跑快点！校长与前面判若两人的行为，镇住了我。待缓过神来，我也明白了，不管学校把理念提炼得再好，把"文化"布置得再妙，只要无法把它们融化到日常的教育行为中，离好教育的距离，就还远着呢！

一所学校的文化个性，是由那些看得见的教育行为累积而成的。为什么那么多研究教育的专家，给一线的校长、老师们做培训，虽非隔行，却往往给他们"隔行如隔山"的感觉？原因很简单，他们更多地在新鲜上市的概念、术语乃至"真理"上动脑筋，而非始终用饱含善意的目光透过一个又一个日常的教育行为，去关注每一个孩子。在专家、教育行政管理部门等各种外在力量的牵引下，许多学校的教育行为不断地偏离轨道，久而久之，就形成了目中无人的教育文化。

回到迟到这个话题，我们继续把教育文化还原到学校生活的场景之中。先说我身边一个事例。

王老师新接手一个七年级的班，第一节班会课，她开宗明义告诉学生，早读课偶尔迟到没关系，关键是早餐要吃好、注意路上安全，但第一节课不允许迟到。期中考后，王老师带的班在成绩排队上落后了。在年段大会上，年段长指出，王老师班成绩差与纪律松散有很大关系，尤其是早读课经常有同学迟到。会后，王老师在班上宣布，根据年段要求，以后早读课也不许迟到，若迟到，整个上午须站在后面黑板前听课。不幸的是，接连几周，不断有三两个学生迟到，这些学生被抓到，就站着上一个上午的课。上其他学科课时，有一些科任老师不忍心，就让这些同学回座位。王老师没有天天上午值班，就交代班干部监督，于是教室里经常出现这样一幕：钟声一响，倘有同学未到，那些曾被罚站过的同学就兴奋异常，待迟到的同学一到，就和班干部一起大声嚷道："后面站，后面站！"有些"脸皮厚"的学生，就赖在座位上不动，直至同学揭发，才极不情愿地到后面站；有些"人缘好"的学生迟到了，就悄悄地坐到座位上，偶有狐疑的眼光或起哄的声音，她就笑笑地点头示意，往往可以躲过一站。

王老师前后迥然不同的做法，折射出当下教育文化生态普遍存在的问题。一是，教育的随意性。我们的教育深中实用主义的毒，忽略了太多看似无用的好东西，比如规则教育，培养孩子从小尊重规则的意识，学会在接纳、遵守规则的前提下，享有学习、交友、游玩等方面的自由。在王老师的班上，所谓的规则，实际上是她想变就变，压根没有考虑学生的感受以及是否认同。尽管她的动机是"为学生好"，但真实的教育效果却是，学生屈服于她的威权，不敢反抗，于是大家各显神通，挤破脑袋蒙混过关。今天社会上流行的"唯上是从"的价值观，以及"上有政策，下有对策"的消极行事准则，不能说与此种随意性的教育文化没有关系。此外，没有规则意识，意味着难有秩序感。今天公共场合混乱、无序的状况，往远一点思考，可以从随意性的教育文化当中寻觅出一丝线索。二是，教育缺乏起码的同情心，即没有了对他人情感及感受的尊重和关心。王老师的惩罚性做法，导致的直接后果是，学生之间互相揭发，对他人的"不幸"幸灾乐祸，丝毫体现不出让学生在班集体中互相悦纳、共同合作的精神。惩罚这一教育行为，不仅失去应有的教育意义，而且极大阻碍了美好人性的成长。

以上两个问题，归结为一点，即当下许多学校普遍存在目中无人的教育文化。必须申明的是，目中有人的教育文化，绝非像有些人所理解的"没有任何约束、放任自由"。就迟到问题而言，所谓目中有人，至少包含以下两个内涵：一是，在有稳定规则的前提下，对迟到学生的教育行为，应具有教育性。比如让学生学会尊重规则，学会承担，有相应的抗挫心态和能力；二是，采取让学生认同的教育行为，比如，制定惩罚迟到学生的措施，让学生参与讨论，共同制定出来。我想，没有哪个学生愿意一整个上午站着听课的，他们可能更愿意接受如下惩罚：领取志愿服务卡，凡迟到一次，就当一次班级的义工，如帮当天值日的同学做卫生；或写一篇短小的随笔（不是检讨书）；或在班会课上做一次3分钟演讲；或下午放学后，到操场跑几圈步。

当然，以上各类惩罚措施，在我看来，绝非最好的教育行为，因为一旦拿捏不好分寸，很容易让学生的内心产生否定情绪，从而促使他们把上学当作一件难以容忍的苦差。

近日，我到河南郑州的艾瑞德学校听课，发现了很多温暖人心的教育行为，其中尤其令我感动的是：学生迟到，从不喊报到，而是悄悄地坐到座位上，不影响老师和同学；老师和同学也安之若素，转头见到，都是微微一笑。显然，这种迟到文化早已内化到学生的日常行为中。

学校的总督学包祥老师告诉我，他花了近两年时间跟老师们"斗智斗勇"，耐心引领，才形成学校现在的迟到文化。

看来，好的教育，要的是教育文化观念的转型，唯有如此，学校的诸多教育行为才有可能回到目中有人的轨道上：学校是一个讲爱的地方，首先要给孩子安全感和爱的示范。善待迟到的同学，表达的是对身边的人，真正的爱和包容。

教育中的习以为常

『想当然』是一种不动脑筋的思维模式，盲区的存在与之息息相关。可以说，日常生活中有多少『想当然』，就存在多少盲区。这一点，犹如警钟，敲醒了我：我们习以为常的教育行为，也极有可能存在诸多可怕的盲区，比如，无视过程，无视原理，无视他人的情感和感受，遇事不假思索，甚至随心所欲。

孩子的九十九种语言哪儿去了

　　一个好校长，首先是一个对细节有细腻感受的人。程红兵先生就是这样一位好校长。在接受《教师月刊》（2014 年第 1 期）专访时，当被问到从上海到深圳工作的几个月里，有没有遇到一些具体的困难时，他的回答出人意料："我从 1982 年开始教书，一直教高中。现在这些孩子，尤其是小学一年级的孩子，他们一看到你就喊'校长爷爷好'，都是孙子孙女一样的，可爱极了，我就晕了，都不知道怎样教他们了，我似乎被他们的童心牵着走。那么小的孩子，我跟他们说啥呢？所以我现在要学会跟小学一年级的孩子说话。"接着，他进一步反思：他在开学第一天跟孩子们的讲话没有讲好，原因是他没弄清楚对谁说，怎么说，所以，以后要改变自己的话语方式。最后，他耐人寻味的"总结"，让我们对教育有活泼的认识："学会跟孩子说话，这可能是一个教师一生的功课。"

　　程红兵校长不愧为教育行家，眼光独到，一下子看到了不易为人所察觉却又暗合教育规律的具体困难。这一个细节在让我振奋的同时，又如针般深深刺痛我的神经。

　　我振奋的是，终于有人发现儿童语言这一富矿，并懂得去挖掘它了。

我相信，绝大多数有心的父母在孩子上学前，常常会被他们的天籁之音所打动，并用心地记下那些无比珍贵的童言童语。

2013 年春天的一个周四，我的妹妹从老家来我们家做客，刚年满四周岁的小外甥也同行。我们在客厅聊天，小外甥独自在客厅的阳台上玩。突然，小外甥转头问我："舅舅，我们老家今天是星期四，你们这儿星期几？"我哈哈大笑，刚答毕，他又接着问："我长大以后要当修理工，到时候，你还当不当我的舅舅啊？"小孩对于时空的感知一片混沌，但他们直觉性的语言，恰恰表达了他们对世界的好奇与探索的冲动。惊喜之中，我不由忆起意大利瑞吉欧幼儿教育创始人罗里斯·马拉古奇的名诗《儿童的一百种语言》：

> 孩子，是由一百种组成的。
> 孩子有一百种语言，一百只手，一百个想法，
> 一百种思考、游戏、说话的方式：
> 一百种，总是一百种倾听、惊奇和爱的方式，
> 一百种歌唱与了解的喜悦。
> 一百种世界，等着孩子们去发掘；
> 一百种世界，等着孩子们去创造；
> 一百种世界，等着孩子们去梦想。
> ……

刺痛我的是，那个困扰我已久的问题又冒出了："为什么孩子上学以后，很快就丢失了九十九种语言，只剩下千篇一律的话语方式。"答案尚无着落，但对这个问题补充式的事实印证却在我的

脑中接踵而至。

　　某年夏天，朱永新老师应我社之邀，在上海书展与读者交流。朱老师向读者提问："我们为什么要读书？"有一位初中学生上前作答："读书使人进步，让我获得知识，长大后可以为社会做贡献。"朱老师显然觉得这个回答太"标准"了，进一步引导道："那么，请你说说，我们为什么要吃饭？"学生无语，摇头示意不知道。朱老师只好自问自答。当时，我一边用手机录下这一幕，一边感慨：又是一个在学校最最听话的乖孩子！

　　记得，马未都先生在一档电视谈话节目中谈到，他到某学校参观，被学校小记者团的众成员围住。一个小记者郑重其事提问："马爷爷，请问您是如何走上收藏之路的？"马未都先生一怔，觉得这问题太大太"规范"了，就开玩笑道："我是用脚走上的。"小记者们没反应过来，一个个忙着认真地记下"答案"。

　　2005 年，连战到母校西安市后宰门小学演讲。该校小学生夹道欢迎，热情洋溢地演唱排练已久的"欢迎曲"："两岸的小朋友手拉手儿把歌唱，爷爷啊，您回来啦！您终于回来啦！您的母校热情欢迎您！爷爷啊，祝您健康、幸福、快乐！"小学生字正腔圆的夸张表演，让台湾观众连连喷饭，台湾媒体甚至如此形容："可怜在场的连战紧抿嘴唇强忍，后面的连胜文和连惠心，早已忍不住笑出声来。"

　　……

　　如果不是强行掐住，这样的事实画面将接连不断在我的脑海中播放下去。我曾经百思不得其解的是：一代代人的语言习惯折射出的是各个时代的精神面相，而语言习惯的养成是离不开教育的。几十年来，这种抽象化、夸张化、"标准化"的话语模式，似乎已经在我们的教育中普遍流行，并深入人心，所以，我们一代代人的精神面相如此惊人一致——没有幽默感、没有情趣、没有想象力，且又自私自利、伪善残忍、压抑褊狭。可是，作为对所处时代应在批判的基础上有所超越的教育，为何如此严重滞后于时代，且无所作为呢？

直至有一天，偶然读到下面这则材料，我才恍然大悟。

《中国题材日本文学史》（王向远著）一书提到，日本女作家曾野绫子"文革"时来中国参观后，写了一篇《中国的鹦鹉学舌》，指出当时中国人的几个特征：善恶的绝对化、语言冠冕堂皇、自我封闭、话语的一律化。她不管到哪里，都听到大家说"中日友好要子子孙孙（或世世代代）保持下去"；在上海少年宫，一位可爱的小女孩临别时跑来伏在她的耳边，她激动地期待着小女孩的悄悄话，没想到听到的还是"日中友好要子子孙孙保持下去！"。

原来，作为"无产阶级的意识形态阵地"的教育领域，从一开始就肩负着通过输出改造过的语言，来承担起改造思想、统一价值观的神圣职责。这也就难怪，不管多么小的孩子，只要他踏入学校的门槛，就注定要成为空话、套话、假话的鹦鹉，因为这是教育成功的标志。当一个人被改造为鹦鹉之后，不仅意味着丧失说出不同想法的权利，而且连精神状态（如说话的语气、姿态、表情等等）也都被暗中一一限定了，谁也幸免不了往同一个方向努力的命运。

尽管"文革"已经翻篇了，但教育由此落下的"语言贫乏症"至今无药可治。具体到每个在那套无比权势的话语方式中浸润过的人，他们身上已然留下了或深或浅的时代精神胎记。在许多场合里，我们常遇到这样一些人，一张口就要代表全中国，或者至少是全场的人。比如饭局上，每逢敬酒，常听到类似的敬酒辞："我代表某某省（或某某市，某某县，某某镇）人民敬你一杯！"我也常在一些我喜欢的诗人随笔中，发现他们特别喜欢用气势磅礴的排比句。话语表达实践，不管是口头的，还是书面的，都指向表达者隐秘的精神或心理的状态。动辄代表这个代表那个，与集体化思维泛滥下的崇高心态有着藕断丝连的关系。排比句，在那个时代的报刊、广播上屡见不鲜，它源于某种精神召唤，以无可置疑的气势表达了翻天覆地的革命理想。从这种注重力量的修辞里，常常可以窥见表达者固执己见的精神痕迹。诗人是天生具有语言"洁癖"的人，好比白云离开了蓝天，就构不成风景，诗人一旦对语言不再敏感，则再也抵达不了诗歌的家园。连诗人都对语言污染难有免疫力，我等俗夫中毒之深，可想而知了。

麻烦的是，今天的教育面临两大基本难题，一是，无法清除过去时代遗留下的语言垃圾，因为与它们如影随形的价值观和思维方式，早已深植人们的大脑；二是，物质至上的价值观普遍流行，把人们的精神生活庸俗化、功利化、单一化，以致我们听到的每一个声音都散发着金钱的气味。这两大基本难题，其实是两股势不可挡的力量，挟持各自的话语方式，想方设法逼迫教育乖乖就范。

可见，学会跟孩子说话，寻回教育人自己的话语方式，实质上是对这两股力量的自觉反抗，这不仅需要勇气，更需要智慧。

因此，我在对程红兵校长的理想学校充满期待的同时，也为他捏一把汗。

"好教师" 能有多坏

　　有天晚上，L 家长找到我，向我诉苦。她的女儿 Y 在我担任教育顾问的小学就读三年级。之前，她曾就女儿的班主任 W 老师搜书包之事，咨询过我。她说，前几天，学校发了一份通知，要求学生带回家给家长签字。她的女儿 Y 忘记了，第二天上午，缴交通知回执时，Y 问 W 老师说，能不能明天补交。W 老师当场咆哮："不能，上午就要交到德育处了，下午检查组就来检查了，昨天明明交代得清清楚楚，你脑袋瓜都记什么去啦！你上午放学给我留下来。"放学后，Y 和几个同样"没脑袋"的同学留了下来，被罚就"家长签字"四个字工工整整地在本子上抄写 100 遍。抄完，W 老师又训了他们一通，才让回家。

　　L 家长又继续谈了一些类似的事情，诸如有一个小组的某个学生违反班级纪律，全小组的同学被罚扫地板一周；有些学生在个别老师的课堂上捣乱，全班同学被罚抄写班级公约几十遍；有学生打架，全班同学被罚双手交叉放身后，静坐一节课，等等。我跟 L 家长说，W 老师的这些做法，的确有不妥之处，你们家长完全可以心平气和地提出来，跟她探讨，让她多一个视角来审思习以为常的教育行为中，是否存在"反教育"的东西。L 家长大惊失色，连连问道，可以吗？继而反复叮嘱我，朱老师，这些事，我就找你聊聊，你可千万不要去找 W 老师谈啊，其实她是一个责任心很强的老师，虽然有时对孩子的要求过于严格，但我们家长还是认为她是一位好老师，无论班级纪律，还是考试成绩，她都抓得非常好。我今天找你，主要还有另一件事情。

我先是迷糊，继而满心不是滋味。家长为何一面跟我谈得义愤填膺，一面又要对老师刻意隐瞒自己的想法和愤懑？很简单，因为孩子在老师的手上，他们必须权衡利弊，对老师的一些"不良行为"，进行选择性忽略，能忍则忍，否则，一旦老师对家长产生"不良印象"，难免会将之迁移到孩子身上。家长没有想到的是，他们对老师的"不良行为"，在价值与情感认同上的紊乱与暧昧，至少造成两个方面的"不良后果"。一是，客观上创造出了教师的权力，且使教师的权力控制不断得以巩固与壮大，从而给学生带来潜在的灾难性伤害；二是，让"好老师"的标准降至急功近利的最低水平：只要能管住学生，抓出成绩，就是好老师。

作为社会性评价的第二个"不良后果"，反过来也把学校对"好教师"的评价标准，紧紧套牢在低水平的尺度上。这也就不难理解，为何许多教师，为了成为社会和学校认可的所谓"好教师"，无不热衷于以第一个"不良后果"为手段，来达到第二个"不良后果"的目的。权力往往意味着对自身的无知，容易使人盲目自大，随性妄为，所以，当教师沾沾自喜于权力控制带来的高效时，哪会去反思他们的教育行为会怎样影响，乃至伤害到学生。

那么，一个谁也未曾深思的问题出现了：许多教师因有了

"好教师"的头衔，享受着体制带来的各种优渥的待遇，风光无限，但为何他们中的许多人，对学生而言，不仅一点儿"好"也没有，而且面目可憎，有的甚至成了学生一辈子的梦魇？要回答这个问题，只需反观教师的日常工作，我们就知道有些"好教师"究竟有多坏，坏在哪里。

有些"好教师"为了保住头衔带来的光环，目中无人，一门心思尽在分数上。

大约两年前的春节，我回老家过年，无意间发现，外甥女的课桌上叠满了二三十本崭新的笔记本。我问她，一下子买这么多本子干什么。外甥女答道，是被老师罚的，要交给老师。我不解，老师干吗罚你交这么多本子？外甥女愤愤地说，我期末考试没考好，老师说，期末考试凡低于九十五分的同学，低一分必须买一种文具，我考了六十几分，所以要买这么多。我简直不敢相信自己的耳朵，接着问，老师收这么多文具干什么呀？外甥女提高嗓门道，全部送给那些考九十五分以上的同学。啊！我还是有点不敢相信，问大姐，她说，W 老师（外甥女的班主任，兼语文老师）是这儿公认的好教师，管学生的学习很有一套，平时考试也都这样，只要没考到某个分数段，就要罚交各种文具。啊！我真的有点震惊，又问当老师的堂哥，他的儿子也在这个班上。他笑答，是这样，我们家的臭小子也被罚过几次，这次期末考罚得更惨，因为四年级是全县抽考，试题有点难。我急问，这种做法太过了，你为什么不跟老师商榷？堂哥笑道，也没什么，让学生长长记性也不错，算是一种提醒吧。我无语。

为了"榨取"分数，像 W 老师一样的"好教师"，各显神通，变换各种招数来"镇住"学生。他们坏就坏在，从来不顾忌学生的感受，也从来不想一想，这么做，会不会坏了学生学习的胃口，会不会坏了学生之间的关系，会不会坏了学生对老师的美好期待！当教师的目光扎根于分数，他们孜孜以求的，只能是各种远离人的考试技术和班级管理"兵法"。正因如此，教育也就永远摆脱不了工具命运的魔咒。

有些"好教师"也有自己的教育理想，且工作认真负责，是学校和同行眼中的佼佼者，但让人意想不到的是，往往他们工作越认真，对学生或家长的伤害却越深。

有一次，朋友 D 和我聊起她正在某市重点中学高中部就读的儿子。她说她快崩溃了，一听到短信或手机来电的声音就抓狂。D 的儿子是一个乐天派，整日乐呵呵，一副没心没肺的样子，且生性好动。儿子的班主任极度认真，凡事必追究到底。为了一些鸡毛蒜皮的事情，比如，儿子上课时抓前面女生的辫子，或把某某同学的书藏起来，等等，D 常常被"传唤"到学校，协助老师"教育"儿子。D 很气愤，也很无奈，每次接到类似的电话，都很想找借口推脱，但又不敢。偏偏儿子的班主任非常负责任，只要你不接电话，马上就来短信，告知儿子又在什么事情上犯错了。D 说，有一次她和客户谈合作，很快就可以签合同了，结果儿子的班主任打来电话，不接，又响。连续响了三次，D 还是接了，原来是儿子上化学课打瞌睡了。听了班主任絮絮叨叨一番后，D 再无心情谈生意了。D 叹道，再这样下去，儿子没疯，她要先疯了，当初慕名而来，费尽心机让儿子入这个班，现在肠子都悔青了。

谁曾想到，许多"好教师"所做的一件件看似微不足道的教育事情，其累积起来的坏的影响，犹如水波，慢慢扩散，绵延不绝。

行文至此，我突然明白，为何一些教师朋友提起"好教师（或名师）"的头衔，就神经过敏，原来"好教师"的头衔，一如假胸，本质上不是让教育皈依美，而是相反。

你是一个会管学生的好教师吗?

一个周末,我开车带女儿和她一同学前往某广场玩。到后,我正停车,两个小丫头疯了一样,边大喊"吴老师,吴老师",边打开车门往外冲。待我停好车,出来一看,两个小丫头正兴奋地喊着"吴老师",同时冲向百米开外一个正要上车的女士那儿。她们聊了一小会儿,两个小丫头回来了。我好奇地问,吴老师现在教你们什么学科,我怎么没印象。两个小丫头抢着回答。我从她们激动的话语里,大致理出头绪:吴老师教过她们五年级的思想品德课,现在不教她们了,同学们都很喜欢上吴老师的课。吴老师从不说教,每一节课都会让同学讨论,发表自己的意见。吴老师从不发脾气,对每一个同学都很好,而且不会动不动就罚同学抄这个那个。虽然六年级后吴老师不教她们班了,但她们班的同学很挂念吴老师,只要在学校里遇见她,就会跑过去聊上几句。

我在羡慕女儿能遇到吴老师这样的好老师的同时,不由想到:一个人长大后,往往会把学校里教的东西忘得差不多,甚至忘光了,但永远也不会忘记那些他讨厌或喜欢过的老师。

此刻,我的脑海里又蹦出了那个多年来一直萦绕心头的问题:什么样的老师才是学生心目中的好老师?

所谓好老师，肯定是那些能让学生感念一辈子的老师。但这样的回答，显然太过抽象了。从职业的角度看，一个好老师，肯定是一个有专业素养的老师，是而且必须是一个有专业伦理和专业能力的人。叶圣陶先生对老师有一个基本要求：肯负责，有本钱。"肯负责"，指向专业伦理；"有本钱"，指向专业能力。

先说专业伦理。它早已被各行各业抛之脑后，整个社会的人为了利益，可以不顾任何伦理底线。老师对学生的理解、尊重和欣赏，即成全生命、呵护人性，应该成为其专业伦理的根本标准。作家毕飞宇曾在多篇文章里写到他对小学四年级王大怡老师的感激之情。出生于二十世纪六十年代的毕飞宇，读小学四年级时，迷上了打弹弓。有一次，他在教室里乱射，把黑板上方毛泽东肖像的左眼打坏了。顿时，全班安静下来，所有人都默无声息地看着他。他恐怖极了，感到大祸临头。王大怡老师进了教室，知道后，不声不响地取下肖像，什么也没说。放学后，毕飞宇久久不敢回家，直到他的两个姐姐把他找回去。吃晚饭的时候，毕飞宇的父母只字未提弹弓的事。一直到躺在床上睡下，毕飞宇才安下心，确定王老师没有"告状"。

这件事过后，毕飞宇越想越后怕，这种"后怕"伴随他很久。他在文中深情地写道："这段往事在今天的孩子眼里可能不能算事。然而，如果你在那个年月里生活过，你就能知道我对王老师是怎样的感激。所以说，事情本身有时候是没有大小的，关键是事情的背景。同样，背景也决定了你对事情的态度，你是爱，还是恨，你是仁慈，还是歹毒。"说得真好，一个有专业伦理的老师，他对学生一定有超越"背景"的人性关怀，即凭良心做事，把爱学生当作为师的本分。

再说专业能力。几乎所有刚走上工作岗位的老师，都会这么告诉你，他们选择这个职业，是因为喜欢和孩子在一起。也就是说，他们的内心深处充盈着父母般爱学生的本能，难怪有人说，教育是母性的，老师要爱生如子。这当然非常好，因为它是职业伦理的起点。但有一个基本事实，我们不可忽略：本能并非能力，它解决不了师生交往过程中，随时可能出现的各种各样的教育问题。所以，有爱，还要有方法，要让爱具有教育性，要爱得专业，爱得让学生如沐春风。

在日常的教学活动中，当一个"肯负责"的老师，把心思都花在促进学生健康成长上，并把一个个自己摸索出来的"土办法"，积淀为实践智慧，他所传递出来的对学生的爱，一定会让学生体会到，进而让自己成为学生敬重和喜爱的好老师。

一个好老师的实践智慧，最直观的表现是，会不会管学生，管班级。许多老师总是一味埋怨，他们班的学生难管，却从未花过心思去研究学生，并尝试用一些"降伏"学生的"土办法"。殊不知，从来就没有什么好管的班级，因为一个班，那么多个性迥异的学生，怎么可能那么容易管。

杨绛先生在《走到人生边上》一书中曾提到她当小学教员时，因很会管学生，班上秩序好，而常被学校安排换教新来的老师管不了的新班。杨先生屡试不爽的"土办法"，对我们今天的老师依然很有启发价值。

我曾当过三年小学教员，专教初小一、二年级。我的学生都是穷人家孩子，很野，也很难管。我们发现小学生像《太平广记》、《夷坚志》等神怪小说里的精怪，叫出他的名字，他就降伏了。

如称"小朋友",他觉得与他无关。所以我有必要记住每个学生的姓名。全班约四十人,我在排座位时自己画个座位图,记上各人的姓名。上第一堂课,记住第一批姓名。上第二堂课,记住第二批姓名。上第三堂课,全班的姓名都记熟。第一批记住的是最淘气或最乖、最可爱、最伶俐的,一般是个性最鲜明的。最聪明的孩子,往往在第二批里,因为聪明孩子较深沉,不外露。末一批里,个性最模糊,一时分不清谁是谁,往往是班上最混沌的。

杨先生的"土办法"之所以灵验,是因为她让每一个孩子真真切切感受到老师是最爱我的。这既是为师的本分,也是为师的境界,不肯用心的老师绝难做到。

的确,每一个孩子都是"精怪",老师会不会管班级,他们心中自有一把尺子。

女儿上四年级时,换了班主任。开学后不久,她就告诉我:"新班主任邹老师实在太厉害了,我们以前早读课的时候交作业,整个教室乱成一团,至少要好几分钟才能安静下来,因为每个人都要把作业本分别交到各学科代表那里,大家挤来挤去,各种声音都有。刚开学的两天也是这样。到了第三天早上,邹老师就教给我们一个方法:所有的同学早上到了教室,坐定后,把作业本放在靠近过道的桌边上,先放某某学科的作业本,待各组组长统一收后,交给学科代表后,再放另一学科的作业本,依此类推。我们按照这个方法训练了两次,以后交作业,教室再也不会乱糟糟了。"

邹老师的"厉害",让我头脑中关于好老师的样子越来越清晰:一个好老师不能依着自己的本能或本性来管学生,也不能整天讲空头大道理，而是要开窍，多琢磨一些"降伏"学生的"土办法"，使之感受到你的爱，并获得学识和做人上的进步。

　　当老师的，免不了要管学生，但鲜有老师如是反思：我是一个会管学生的好老师吗？

怎么和孩子说话

周末，和朋友一家聚餐。席间，趁孩子们到外面玩，朋友的夫人 W 向我们大吐槽：天呀，我现在都不知道怎么跟我们家儿子说话了。朋友的儿子约四周岁，读幼儿园中班。

W 接着讲了一件近期的糗事。一天下午下班回家，W 发现儿子窝在家看电视，目不转睛，纹丝不动，跟他打招呼，他都没任何反应。W 的婆婆抱怨：今天上午睡过头，就不去幼儿园了，上午就开始看电视，一直到现在，早饭午饭也是边看边吃的。W 强压住呼呼直冒的火气，暗示自己不发脾气。她突然灵机一动，走到电视机旁，对儿子说：贝贝，你不能再看电视了，你过来摸摸看，电视机已经发烫了，再不关掉就要爆炸了！儿子从沙发迅速窜过来，伸手摸了一下电视机的塑料外壳，赶紧缩手，大声说："妈妈赶紧关掉电视机，赶紧啊！" W 关掉电视机，看着因信以为真而紧张兮兮的儿子，很是得意，好像打了一场漂亮仗。一个周末，W 在家看了一上午的韩剧。儿子回家后，干得第一件事情，就是迅疾跑到电视机旁，伸手摸了摸电视机的塑料外壳后，二话不说，"啪"的一声，把电视关掉了。W 大喊，贝贝，你捣什么乱，快点把电视打开！儿子振振有词地说，妈妈，不能看了，电视机都发烫了，再看就爆炸了啊！W无语，感觉脸上直发烫。

听完，我跟着朋友们哈哈大笑。笑罢，我猛然想到：我们可能压根没有想到，许多教育的失败，其实是源于我们和孩子说话时的疏忽大意。种瓜得瓜，种豆得豆，和孩子的不同说话方式，导致截然不同的教育效果。语言是教育不可穷尽的资源，父母或者教师怎么和孩子说话，其中沉淀了他们对教育的认识和理解。

缺乏对使用语言的敏感入微，脱口而出的尽是非教育性的话语，这是今天的教育日益粗鄙化的一大特征。如此看来，怎么和孩子说话，不可随性妄为，因为它悄无声息地影响着孩子的思维方式、教养以及精神的发育。

也就是说，怎么和孩子说话，是教育水平高低的分水岭。作为现代父母或教师，我们究竟应该怎么和孩子说话，才能符合现代教育的基本水准呢？

我想从以下三个方面的思考，来回答这个问题。

思考一：言为心声，一些带有价值判断的话语，难免勾连出我们隐秘的思想和感情，它们对孩子稚嫩的心灵影响之大，是我们无法想象的。

有时候，一句话足以积累为禁锢孩子心灵的枷锁，也可成为促进孩子美好人性成长的福音。得失之间的关键，在于一些带有价值判断的话语，当我们说出口时，如何拿捏好分寸。关于这一点，不久前发生的一件事情，让我体会深刻。

一天晚上，我和太太在朋友家喝茶，女儿和几个小朋友在我们家里玩。突然，女儿打电话给我，带着哭腔说，爸爸，告诉你一个不好的消息。我的心一缩，急问，怎么了？女儿用近乎抽泣的声音描述了事情的原委：一个小朋友要泡奶茶，到茶几旁烧开水时，不小心把茶几上插百合花的玻璃瓶子弄到地上，玻璃碎了一地。巧的是，其中一个玻璃片飞溅起来，落在茶盘上的一个紫砂茶壶上，结果茶壶的壶盖裂为两半。女儿知道，那个茶壶是我的最爱，价格不菲，且养了很长一段时间。我听完，心疼得不行，但仍哈哈大笑，接着问，玻璃片有没有伤到你们？女儿答，没有，地板上的玻璃碎片和百合花，我们也都清理好了。语气明显放松了许多。我继续笑着说：没伤到人，是多么值得庆幸，你还哭什么呢。不要哭了，也请千万不要责备某某小朋友——她也根本不想发生这样的事情，是吧？

回家后，我和女儿就此事做了交流，达成以下共识：一是，不管发生什么天大的事情，再值钱的东西，都比不过人的安全；二是，已经发生的事情，不管有多坏，都不要坏了自己的心情，就像把壶摔碎了，再怎么懊恼、生气、伤心，也补不回来；三是，千万不要拿别人的错误惩罚自己，也不要对别人的错误耿耿于怀，要多想一想，别人犯了错，心情已经很糟糕，我们可不要雪上加霜，一味去埋怨。

孩子不可能在没有任何问题的真空中生活，大人的责任是在帮助孩子解决问题的过程中，让他们实现成长，即慢慢建构自己的价值判断。

思考二：日常生活中，有些话语，赤裸裸地表现了迷恋权力，积极向权力靠拢的官本位思想，我称之为"自我奴化的语言"。很多大人在孩子面前说这些"自我奴化的语言"，不仅习以为常，一点也不脸红，而且理直气壮，以之作为教育孩子的思想资源。

自由开启心智，权力束缚思维，这几乎是放之四海而皆准的"真理"。人的思维一旦被束缚，久而久之就定势了，其面目可憎的僵化思想，自然会在言行举止中表露无遗，就像狐狸的尾巴，无处可藏。

某年秋天，我偶然参加了某校的校庆活动，在开幕式上，面对操场上近两千个学生，校长热情万丈地致辞，开篇即为"感谢某某某、某某某……领导在百忙之中，还时刻记挂着我们基层学校，让我们用热烈的掌声，感谢领导们的到来！他们对我们的爱护和关心，是对我们最好的鞭策，是我们不断奋进的力量！"我无比愕然，这种领导天然为"上"，到学校即为"下基层"的思维，竟然在装修得那么现代化的学校里，还如此牢不可破。在这么多孩子面前，校长的发言，从表面上看，是在例行公事，无可挑剔，实质上是加剧了官本位的人治色彩，加大了对自由心灵的压迫。吊诡的是，这份发言稿居然印发在校庆资料之中。人类虽然没有尾巴，但教育却变着花招，唆使人们利用语言，去发挥狗尾巴的功能。

其实，回过头看，在日常的教育教学活动中，我们的老师也经常在孩子面前，有意无意说一些"自我奴化的语言"。比如，一些老师布置学生大扫除，总忘不了提醒：某某领导或某某检查团某时要来我们学校，你们一定要把卫生做好，不许留任何死角……。30多年前，我上小学时，老师就这么对我们说。没想到，30多年后的今天，我们的许多老师还是这么对孩子们说。就在前几天，我还收到一位小学老师的文章，谈到如何利用卫生大扫除，作为教育学生的契机，她在文中写到如是对话：

"老师，明天是不是又有领导要来啊？"

"是啊，那你还不赶紧把地板扫干净，你看，那、那、那都还那么脏。"

"老师，领导要是天天来该多好！我们喜欢全班一起劳动。"

这种不露声色的隐性教育，只能让我们一觉醒来，满眼皆奴隶。

思考三：在师生互动过程中，老师随口一句消极的话，极有可能成为学生痛苦的刺激源，这就是现在大家普遍比较关注的语言暴力问题。一般情况下，我以为，作为教师，还是能够清醒意识到，不顾学生感受的激烈言语，犹如火焰，稍不小心，极有可能引爆学生内在的"火山"，以致烈焰腾空，再美妙的教诲转瞬化作灰烬。

教师的语言暴力，往往发生在情绪控制不住的时候。情绪爆发不过短短几秒钟，但瞬间说出来的话，其伤害程度之大，可能花几百分钟，几百小时，甚至一辈子都弥补不了。

浙江的张玲军老师就有过这样刻骨铭心的教训：一天上午第四节课，张老师像往常一样走进高二（3）班，习惯性地打开教室电脑和投影仪准备上课。但投影仪怎么都打不开。问了学生，他们说语文老师刚用过，应该没有坏。"那怎么回事呢？"张老师自言自语。过了一会，传来一句阴阳怪气的话："它也看人的！"张老师一看，是陈波。张老师头脑一片混乱，半天想不出什么话来回应，只有狠狠地瞪着陈波。空气顿时凝重了起来。恰好这时，张老师看到教室后面的垃圾筒，立刻来了"灵感"。"陈波，你说得很对，投影仪它是看人的。"张老师故作平静，慢条斯理地说道："垃圾都有可回收和不可回收两种，更何况人呢！"语罢，下面一片躁动。张老师看到陈波愣住了，很得意自己的表现，就接着上课了……后来，凡是张老师的课，陈波皆低头忙自个的。再后来，陈波转学了。因为一次偶然的经历，张老师幡然醒悟，在一篇文章的结尾处，她写道："陈波被我噎住的表情，一直在刺激着我，我知道这终将成为我心中永远的痛……"（此案例转引自《"孩子嘛，总会犯错的"》/《教师月刊》2012 年第 4 期）

语言暴力是把双刃刀，在永远伤害学生的同时，张玲军老师的心中也留下了"永远的痛"。

语言暴力这把双刃刀，割去的是教育中的人性之美。所以，老师们，当我们情绪激动的时候，固然做不到口吐莲花，但至少可以选择闭口藏舌。

我以上三个方面的思考，皆指向现代教育的目的，即培养高贵、文明、走向世界的现代公民。这就是说，怎么和孩子说话，就看它是否最大程度地去促进这一目的的实现。

舌头的摇动，关乎每一个孩子的感受和自尊，关乎教育能否绽放人性之美，它理应成为每个教育者自觉去探索的课题。奇怪的是，很多学校和老师都在为各种课题忙得团团转，却鲜有人真的把"怎么和孩子说话"当成一回事，更别提把它当成研究课题来实践了。

说到这里，我还是闭嘴为妙，否则，很快就会飞来"居心不净"的帽子，或"霍霍"作响的棍棒。

教育中的习以为常

2014年4月初，我的一个教师朋友X欲到我居住的城市参加会议，她特意打电话问我，怎么坐车到886精品酒店比较方便。我问了会议通知提供的详细地址后，使劲想了想，还是一头雾水，回说：我从来没听过或见过这么一个酒店，会议通知里所说的地点倒是在我家附近，奇怪了。挂了电话，我驱车出门，遇红灯停车时，抬头一瞥，一个熟悉的数字在眼前一晃：886。定睛一看：没错，正是"886精品酒店"。天呀，这么多年来，我几乎天天途经家附近这条路，居然无视此酒店的存在。以前读书，常读到他人有"熟悉的地方没有风景"的感慨，我却无甚深刻的体会。此次熟悉化的陌生之经历，让我深有感触：所谓"熟悉的地方没有风景"，实乃熟视无睹之故也，而非真的"没有风景"。

2014年4月底，我社与哈尔滨香坊区进修学校联合举办"大夏书系读书节"活动。活动邀请了上海的朱煜老师做"阅读与成长"的讲座。讲座中，朱煜老师提及他经历过的一次尴尬遭遇。朱老师曾受邀到某市一学校上课和讲座。课前，试完课件后，朱老师告诉该校电脑老师，讲座当中，他要插播视频，需要用到小音箱。电脑老师忙活一会儿后说，搞定了，到时候只要开一下小音箱的开关即可，并告诉朱煜老师小音箱的开关在哪儿。讲座时，到了播放视频环节，朱老师按电脑老师的指示，开了小音箱的开关，但不管怎么弄，声音就是出不来。无奈之下，朱老师只好作罢，略去视频的内容。讲座结束后，电脑老师上前，一脸茫然地问朱老师，播放视频时，应先把小音箱的插头插到电源上，你不知道啊？朱老师也一脸茫然，答道，我怎么知道啊！

　　援引此次经历，朱老师谈到了寓于日常工作习惯中的教师专业成长问题。我在底下听，却不由自主地想到：对日常生活中一些熟悉的人、事、物，我们往往存在不同程度的盲区。我对家附近的酒店一无所知，乃视觉盲区所致；电脑老师的茫然则源于他的思维盲区，他理所当然地以为每个人都会像他一样，开启小音箱前，一定会先接通电源——这是最基本的操作常识，无需多说的。但他忽略了两个关键点：一是，不可能"每个人都会像他一样"；二是，他的交代本身以及工作职责，不大容易让人像他一样去操作。说穿了，他的思维盲区本质上是以自我为中心的"想当然"。

　　"想当然"是一种不动脑筋的思维模式，盲区的存在与之息息相关。可以说，日常生活中有多少"想当然"，就存在多少盲区。这一点，犹如警钟，敲醒了我：我们习以为常的教育行为，也极有可能存在诸多可怕的盲区，比如，无视过程，无视原理，无视他人的情感和感受，遇事不假思索，甚至随心所欲。

　　我马上想到一件压在心底的"陈年旧事"。从小学一年级至今，女儿的老师们不时地提醒我们：小朱同学胆子太小，上课从不敢主动举手，回答问题的声音小得只有她自己才能听到。女儿每个学期的操行评语，几乎是同一个模子印出来的：前面几行是各种各样优异的表现，接着，总要来这么一句，"但是你上课回答问题的声音太小了，希望你再接再厉……"或"如果你上课回答问题的声音能大一点，就……"。我也曾含蓄地回应女儿的老师：回答问题声音小，固然有胆怯的成分，但这是孩子的特点，而非缺点，一旦公开反复强调，容易给孩子心理暗示，从而强化、固化之，使之成为孩子的标签。遗憾的是，几年过去了，老师的"要求"丝毫未变，女儿的"毛病"也丝毫未改。我们只好另外想了许多办法。终于在2014年元旦的班级联欢会上，女儿载歌载舞，令老师和同学刮目相看。对孩子显而易见的个性"缺点"，老师们习以为常的反应，是不遗余力去公开"改造"它。殊不知，这种没有建立在研究孩子基础上的教育行为，往往隐匿着看不见的伤害，即对孩子的情感和感受缺乏起码的尊重。为什么孩子回答问题非得要"声音大"？为什么不断公开强调孩子的"缺点"，却起不到任何矫正的作用？如果能多一些这样的反思，教育的盲区岂会存在？

缺乏反思，尤其缺乏对习以为常的教育行为之反思，是教育自我进化过程中极大的瓶颈。反思如镜，可以让诸多习以为常的教育行为中存在的盲区一一露脸。

首先露脸的是一些隐含价值判断的教育行为。比如，放学后留学生补习。在大多数学生和家长潜意识里，放学后被老师留下来，一般不会是什么好事。对一些学习总是跟不上的学生，大多数老师的经验是，放学后把他们留下来"开小灶"，即补差。对于这个习以为常的教育行为背后的原因，我们是否反思过：这样做会不会好心办坏事？表面上看，我们在学业上帮助了学生，但是否于无形之中给他们贴上了"差生"的标签？有些家长往往认为，孩子不认真学，才学不好，所以，有些被留下来的学生回去后，可能轻则被骂，重则挨揍。老师在把学生留下来之前，是否提前与家长沟通过，消除他们的疑虑和误解？

又比如，多少年来，中小学校园里随处可见"学生日常行为规范评比"的各式黑板。我常在这些黑板前驻足，有些学校在卫生、学习、纪律等大类下面，又分了若干细类，每类皆标有相应的分值和标准。在各校五花八门的评比细则里，有一个普遍流行的做法：只要班级里哪个同学触犯条例，扣的是班级的分数，只有分数高的班级才能得到流动红旗。每次遇到拿着评比本子到处巡查的老师和学生，我的心里总有一种说不出的滋味。直至有一天，听到一位朋友的"诉苦"：朋友的孩子在例行检查中，发现邻班的教室有纸屑，扣了他们班的分数。评比结果在学校黑板上公布后，几个邻班的学生找到朋友的孩子，一番痛骂、威胁，朋友的孩子受不了，跟他们起了冲突，动手打起来，最终寡不敌众，被打得鼻青脸肿。我这才意识到，我们应该用教育的眼光，重新来审视校园里这块评比黑板了：进行学生日常行为规范评比的目的是什么？如果是教育的终极目的——培养健全的人格，那么外在的强制性规范虽可规范学生的行为，却难以在他们的心里埋下真善美的价值观，因为健全的人格是陶冶出来的。这块评比黑板的教育价值可能远远低于它所刺激出来的副作用。

一些无视原理的教育行为也接着纷纷露脸了。此类教育行为在现实中比比皆是，我举三个例子，希望能引起老师们进一步的反思。

例一，我们都知道劳逸结合、有张有弛，有益身心健康，提高学习效率，但落到教育实践上，我们却恨不得占用学生更多的时间。尤其是读中学时，学生除了吃饭、睡觉外，几乎所有的时间都被书本、作业、考试填满了。前不久，我接到江苏南通二甲中学邱磊老师的短信，照录如下：

> 永通先生，今天是我们江苏省南通市高三二模成绩揭晓的日子，非常有意思的是，我身边很多老师都得出一个简单而多少有点迟到的结论——要考好，就一定要有足够的时间让学生"浪费"，让他们可以上足体育课、活动课，乃至到户外走走。我在整理关于杜威的书稿过程中，他老人家反复说"教育的闲暇""教育中的游戏"之意义和价值等，我深有共鸣之处。不舍得放手的人（尤其是学校管理者），最终失去的会更多。

邱老师的短信，让我感慨良久。我回信让他据此写一篇文章，希望更多教育者读后，能从自己习以为常的教育行为中，看见平常看不见的东西。

例二，现在一些教育者提起教育理念，诸如"尊重每一个学生，呵护学生个性"等等，头头是道，可惜仅是上口，并未上心，更未将之化为实践。某位到处传播"先进教育经验"的校长，在一次讲座中，如是说：我们学校四千多个学生，每年中、高考成绩在全市都名列前茅。我们有一个经验，中学生一定不能早恋，否则成绩一定上不去，但四千多个人啊，难免会有一些不安分之徒蠢蠢欲动，怎么办呢？我们在行政会上研究了一招，即每天课间和放学期间，在学生常经或必经之路上，行政老师轮流值班，躲在小轿车里，用摄像机把牵手或搂搂抱抱的学生拍下来，当天发给各个班主任，让他们辨认。班主任逐一"认领"后，必须立刻做这些学生的思想工作，如果没有解决好，必须立即请家长到校……听到这里，我呆住了，真不敢相信自己的耳朵，更不愿相信那些所谓的"教育经验"是这么来的！

例三，我常听小学语文老师上作文课，不管是低年级，还是高年级，到了学生动笔写作环节，老师们总喜欢提这么一个要求：用上学过的好词好句。有些老师还特意做了"好词加油站"之类的PPT，把学过的"好词"搜集在一起，让学生参考。说到什么是好文章，老师们都知道，关键要学生写出自己的个性。但他们为什么不想一想：假如每个学生的文章都用上大同小异的所谓好词好句，个性何在？

最后露脸的是一些迷恋权力、辱没尊严的教育行为。某年，某著名老学者回国到他的母校某中学参加校庆，并做讲座。我和同事L前往。讲座前，学校安排了某学者和一副市长为学校图书室揭牌的活动。揭牌仪式毕，拍照留念。在闹哄哄的师生群中，有一年纪不轻的老师不断在旁高声喊道："市长今天真帅！市长最帅！市长最帅！"我愕然不已，真奇怪他怎么喊得出口。当我忍不住把此事告诉教师朋友W时，他笑道，对有些老师来说，这样的行为就像家常便饭一样，没什么可奇怪的。他接着告诉我一些学校里类似的事情。其中一件，我至今想起，心口仍隐隐作痛。

某年学校校庆，W老师是筹办小组负责成员之一。校庆开幕仪式前一天下午，W老师和许多学生在操场的旗台上布置桌椅等。县里派来了两个工作人员协助，主要是指导主席台上领导位置的排列工作。按计划，学校领导中，只有校长一人到主席台就座。学校一副校长一直陪在县里工作人员左右，当他确定主席台上没有安排副校长们的座位时，用近乎乞求的语气跟县里两个工作人员说："我们平时露脸的机会很少，主席台上能不能增加我们几个副校长的位置，让我们跟领导们靠得更近一些。"W 老师在旁听着，恨不得地里有个缝，可以立时钻进去。

以上——露脸的只是习以为常的教育行为中的冰山一角，我们审视之，不是为了拿起批判的武器讨伐之，而是为了改变去反思之，因为反思是隐形的翅膀，引领教育前行的方向——让习以为常的教育行为葆有人性，富有智慧。

日常的教育

2013 年秋天的一个上午，我在常熟市石梅小学讲课。第二个半场临结束前，突然后排有一男教师站起来，头扭向他身后墙壁上的时钟，先用手指指时钟，接着面对我，使劲摇头。我冲那位老师笑笑，下意识地走到讲台前，拿起手机一看，天呀，整整超过了半个小时！我赶紧道歉，简单总结完即宣告结束。

午饭时，顾泳校长解释了时钟不准的原因：学校统一采购的都是"便宜货"。我笑着告诉她，我到过许多学校，发现它们的时钟时间都是不准确的。

我是否夸张，大家只要留意观察班级、办公室、多媒体室等地的挂钟，还有校园里的建筑时钟、花坛时钟，乃至室内外电子屏幕上显示的时间，很快就有答案了。

那么多学校的时钟不准，表面上看，可能是"便宜货"惹的祸，但往深里思考，与我们的文化熏陶密不可分，所谓"从文化中来，到性格中去"是也。美国传教士明恩溥（1845—1942）在《中国人的素质》一书中曾谈到，漠视时间和漠视精确，几乎是中国人的天性。

吊诡的是，我们时不时搬出"一寸光阴一寸金，寸金难买寸光阴"等古人箴言，谆谆教诲学生要珍惜时间，却对学生随处可见的时钟之快慢视而不见。受明恩溥启发，我由此悖论想到：今天教育之平庸，离不开一个被长久忽略但必须直面的事实——漠视日常生活中具体事物的教育性，进而漠视日常的教育。我们太习惯于伟大、崇高、抽象的道理说教，而不是把叫出周围事物的名称、善待身边的每一个人，作为学生日常的功课。

对日常生活的疏远和陌生，意味着我们逐渐丧失挖掘具体事物的教育性的能力。关于这一点，可回到时钟这个话题来探讨。本来时钟是学生再熟悉不过的日常事物，如果我们对它有教育介入的意识，则可彰显出蕴藏于其中的丰富教育资源。小学低年级，可在教室挂钟旁边贴一字条，上书"时钟"二字，让学生随物识字，加深印象，并对时间有初步的认识。这个方法，已有不少老师在实践应用。小学中年级，可把提醒学生珍惜时间作为纸条的主要内容。2013 年，我在深圳市龙岗区外国语学校三年级一班有一个惊喜的发现：黑板右上方的小时钟旁边，贴了张写有"做时间小主人"的"提示"纸条。这是细心的王秀丽老师的创意。小学高年级，学生一下子长大了，即将告别小学，步入中学。时钟旁的纸条，内容可变为"逝者如斯夫"之类的哲思语录，将之与学生的生命体验建立联系，让他们对时间有更深刻的理解。到了中学，时钟的教育内涵，可拓展到飞扬青春、追求理想、人生规划等方面。待上了大学，可在时钟里寄寓丰盈心灵的人文精神。在台湾大学的椰林大道，有一口为纪念台大第四任校长傅斯年而铸的"傅钟"。上下课时，"傅钟"敲响 21 声。为什么是 21 声呢？此中深意源于傅斯年的一句哲言："一天只有 21 小时，剩下 3 小时是用来沉思的。"

时钟在那儿，与教育有关的那些必需的东西也在那儿，关键是你在日常生活面前是否足够机敏。审思这些年来的中国教育，最大的遗憾恰恰在于，我们把日常生活抛在一边，炮制了无数的理论与模式，整天叽叽喳喳，没完没了。

教育无须故弄玄虚，它就在日常生活里。许倬云先生在《许倬云谈话录》一书如是回忆父亲的影响："我父亲知识面非常广博，对我教育，其实就在日常的谈话。"看似不经意的日常谈话，一旦被幼小的心灵保存，极有可能在漫长的岁月中，发酵成影响一辈子的东西。

作家毕飞宇曾在受访中谈到："有一件事我记得很清楚，那是 1976 年夏天，在中堡中心小学的梧桐树荫底下，聚集了很多乘凉的人，我和一个小伙伴在那儿吵一个什么事情，我们的声音比较大。父亲突然走了过来，说，你刚才那些话有没有逻辑性？这句话让我觉得自己犯了很大的错误。"毕飞宇接着感慨道，父亲对思维品质一直都有很高的要求，即使在日常生活里，也处在批改作文的状态里头，总是给他提要求。毕飞宇始终认为，好的作家应当是想象与思辨并举的，人物的形象、人物与人物之间的关系，可靠想象，可是人物性格的走向、人物内部的逻辑，却非想象可穷尽。他说，他后来写小说，占了父亲的便宜，小时候父亲对他思维上无意识的日常训练，让他获得了整体认知世界的抽象能力。

日常的教育，在一个人的成长历程中，无处不在，并无时无刻不在形塑着他的精神气质。今天的教育要紧的，不是关起门来，假装崇高和神圣，也不是盲目地冲出去，热情拥抱各种潮流，而是要让日常生活成为滋养每一个人的生命细胞。

我曾戏称，教育要有"俗骨"，教育者若目中无人，唯俗而已，则白吃饭了，也就是说，教育者吃的是目中有人这碗饭。日常的教育，倘无人情的伦理润泽，则难以避免庸俗化和粗鄙化，乃至演变为戕害心灵、禁锢思维的灾难性行为。

这种灾难性行为的伤害很多是隐性的，太多的教师因此习焉不察。殊不知，它虽不一定即刻爆发，却可能绵延于人一生中的大部分时光。

一朋友的女儿小C就读某中学七年级，参加了该年级某老师亲自组建、负责的"弟子规班"。学校即将召开运动会，某老师决定让"弟子规班"在开幕式上集体亮相，统一穿汉服，吟诵《弟子规》。小C跟班上的几个成员接到班主任通知后，一起兴冲冲前往专用教室参加彩排。某老师见到小C她们，黑着脸说，回去，回去，你们老师是什么眼光啊，尽叫些歪瓜裂枣过来。原来，为了让"弟子规班"的方阵出彩，某老师要求各班的"弟子规班"成员需符合如下标准，才可参加方阵：1. 身高一米六五以上；2. 长得眉清目秀，最好是帅哥靓女。小C的班主任误以为只要是"弟子规班"的成员皆可参加。这出日常生活中的乌龙事件，在小C的班主任和某老师看来，似乎无伤大雅，她们也压根不会放在心上。然而，它对孩子的伤害却实实在在发生了。显性的伤害是，小C好几天快快不乐，吃饭无味，睡觉不香。父母循循善诱，小C才道出实情。经父母开导后，小C解开了心结。事情虽过去了，但不可能船过水无痕，隐性的伤害还是潜伏了下来。一是，某老师当众嘲笑小C的班主任和学生，哪怕是一句玩笑话，也有违专业伦理，因为它传递了诸多负面的教育价值，比如对人先入为主的偏见，以及歧视和不尊重。二是，某老师自以为是的审美标准，极有可能累积为破坏学生审美素养的思维"毒瘤"。

所以，对"众生"来说，让教育多一点"俗骨"，应该是不错的福音。

过有思考的教书生活

在人的每个生命阶段，都会遇到许多我们想不明白的问题，即使人到中年，也不可能像孔子所云『四十不惑』，人既然生而有惑，就要有成长意识，力求想明白。

作为现代教师，凡事要想明白，获得教育教学所必需的常识和学识，读书当然是一条不错的成长捷径，恰如流沙河先生所云：『读书如秉烛，固不能照亮每个角落，但总比摸黑好。』

教师何以在阅读中生存
——教师阅读三问

不知始于何时，"教师阅读"成了教育界的热词和热点：她的身影在各级行政部门的文件中随处可见；一向对版面精打细算的各类教育报刊做起她的文章来，丝毫没有斤斤计较的小心眼；至于那些到处给教师做培训的专家或名师，提及她，无不语重心长，郑重其事。

如此一来，相信你和我一样，为教师处于阅读化生活的"高温期"而无比欣慰，因为在这个世界上，能够给予人们的心灵悠远滋润的东西，除了书，我暂时还想不出别的替代品。

待冷静下来，深入一线小心求证后，我的欣慰刹那间化为乌有。"教师阅读"表面上的热火朝天，与现实中的冷冷清清，就像左手和右手的区别——明摆着。

是的，"求证"的结果令人沮丧，但"求证"的初衷绝非为了沮丧，所以，沮丧的背后自然而然沉淀为三个大大的深究起"教师阅读"的问号。

现在的教师为什么不读书？

在人们的印象中，读书之于教师，似乎是天经地义的事情，相反，身为教师而不读书，才是咄咄怪事。可是，摆在我们眼前的事实却是：读书的教师越来越少，教师读书的时间也越来越少。

面对事实，我们无需动辄就给予带有浓烈道德色彩的评价，因为凡事一旦绑上道德的绳索，难免或多或少带有偏见，而偏见除了偶尔深刻外，更多的是尖刻。尖刻固然可以一针见血，但往往解决不了任何问题，所以，我们不妨回到事实本身，追溯其背后的根源。

先讲一件沉重的事情。不久前，我中学母校的一位青年老师，在家猝死。好友在电话里几度痛泣，他说，这位老师工作上勤恳如牛，任劳任怨，自恃身体不错，身兼数职，常常加班加点，他的死完全是超负荷劳动所致，即所谓过劳死。

母校这位青年老师的不幸，虽不能说很普遍，但此类事件在全国各地也时有发生。一个不争的事实是，由于生活上、工作上诸多压力的侵袭，很多老师在身体上、精神上纷纷亮起红色信号灯。

福建省厦门市湖里实验小学的陈荣艺校长每次和我聊起教师读书问题时，总要反复强调，教师平时忙得不可开交，压力非常大，读书之事只能积极提倡，慢慢期待，不可用力过猛，否则会适得其反，徒增教师的精神压力。

无独有偶，吴非老师发表的《教师的一天》一文（《教师月刊》2012 年第 10 期），记叙了很多老师"不停地在忙"的一天，为了更好地还原教师的生活实况，请允许我原封不动地整段引用：

曾和一些中青年教师交流。大家说日常生活，我留心听。

有位女教师报一天的流水账：早上六点前起床，赶公交车，运气好，还来得及在学校附近的巷子里买煎饼或是包子（哪样不需排队买哪样）；到办公楼放下包，来不及用早餐，疾步走到教学楼看看情况，刚好七点整；学生陆续来了，课代表收作业；七点十五分，早读正式开始，有两名学生迟到，问清原因，教育几句；七点三十五分，上第一节课；第二节空堂，五分钟吞下早餐，改作业；看学生做课间操（学校规定班主任要"看操"），再去另一个班上第三、四节课；食堂午餐回来，学生在办公室等，有疑难，要辅导；下午没课，改作业，备课；班主任开会，发了一摞表格，布置了一堆任务，不知道该如何去做；回到办公室，有家长来访，家长话多了一些，心情可以理解；六点半，今晚不用值班，可以回家了；老人早就把孩子接回来了，而且最幸福的是"有现成的吃"；晚上想翻翻同事推荐的书，已看不进去，想看会儿电视，又不耐烦广告，不知不觉就睡着了……

没有美好的生命状态，难有美妙的阅读。让一个身心疲惫的人体会到"阅读是一种享受，是一种幸福"，好比要让荒漠一夜间变绿洲一样，不过是一件想上去很美的事情而已。打开一本书，不知不觉沉浸进去，不仅需要时间，还需要心境。

所以，教师不读书，更多的是教师在繁重的工作压力下，本能地启动生理、心理的调衡机制，以免耗能过多，免疫力下降，让身心遭到疾病的侵扰。

以上观点，并非主观臆断，而是有科学依据的。在二十世纪八、九十年代的日本，流行着以下的社会风气：日本薪俸阶层的男人下午下班后，径直到小酒馆喝酒，直至酩酊大醉才回到家中。

针对此社会现象，当年担任日本劳动卫生顾问的松田育一先生，通过对人的大脑的构造的独特研究，作出了合理的解释，并在《日新报导刊》上发表了《驱散焦躁和烦恼》一文。

松田育一先生研究指出，在人的脑子里同时存在着三个脑子，分别为鳄鱼脑、马脑和人脑。从人脑的构造分布来看，属于爬虫类的鳄鱼脑（脑干）在最底层，它承担了人的自律神经作用和生存所必需的基本功能，如呼吸、维系心脏跳动、保持体温、消化食物，以及睡眠、排泄、自我防卫本能等；居于鳄鱼脑之上的是更加进化的哺乳动物的马脑，其作用是赋予人以感情，如恐惧、愤怒、思慕、寂寞等；包围在鳄鱼脑、马脑四周的是大脑，即人的脑子，它是理性、智能的代称，诸如思考、计划、创造等人所特有的功能，都是通过人脑来实现的。

无论在社会生活中，还是在家庭里，每个人都被要求要冷静、合理、理智、抑制自我，而不能凭感情行事。人其实是动物，若过于粗暴地处理自己的感情，则人就易处于精神紧张的状态。倘若人长期受到精神紧张的打击，此信号会传至鳄鱼脑中的自律神经，并使之紊乱，久而久之，就会导致胃穿孔、胃溃疡等症状。

于是，日本的薪俸阶层者的男人们就去小酒馆喝酒，因为酒精可以使人脑，即大脑休眠。这样，平时受到大脑抑制的马脑便恢复了精神，随即感情毫无掩饰地迸发出来，具体表现为：酒醉后时哭时笑，喜怒无常，甚至平时看去举止十分规矩、谨慎的人，突然会去抚摸在他身旁的女性的臀部。

回过头来看，一天都"不停地在忙"的教师，同样需要释放马脑，让大脑休息，以便第二天精神饱满地去工作。所以，当教师好不容易歇下来，最好是散散步，看看电影、电视，或跟家人、朋友聊聊天，当然，适当喝点小酒也无妨。

阅读是有难度的，同时需要马脑和人脑的协调、配合，才可能与作者对话，还原书中的情感、思想，对于大部分没有养成阅读习惯的教师而言，在忙了一天之后捧起书，只能使精神进一步紧张，要么昏昏欲睡，要么身心备受折磨。

也就是说，对于"不停地在忙"的教师而言，不读书，或书读不下去，其实是源于调剂身心的生命本能反应，而为自己理性选择的一种"节能"的生活方式。

从另一个角度看，人的竞争意识与适应环境的能力是与生俱来的，教师之不读书，与此息息相关。

我身边有许多特级教师朋友，他们当中罕有喜欢读书的，甚至有好几个朋友明确告诉我："我若读那么多书，早就变成书呆子了，绝对评不了特级的！"这样的话刺耳，让我不适，乃至反感，但冷静想来，现实的确如此，我们的职称评定标准，在貌似公平的逐条量化之下，更多的是起到了淡化读书，乃至"鼓励"不读书的消极作用。

教师职称关乎教师的个人利益及荣誉感，除了心灰意冷或洒脱超越的极少数教师，绝大多数教师还是趋之若鹜的。僧多粥少，竞争随之而来。在职称评定及与之紧密相连的各种荣誉中，最为关键的是学校的评价。现实中的绝大多数学校对教师的评价，还是很现实的：能抓出好成绩的教师，就是好教师。考试是一门技术活儿，只需特定的技能，大多数学科之外的书还真是帮不上什么忙，所以，当教师选择了为眼前利益冲刺，必然要把学科之外的书本冷落一旁。反之，那些嗜书如命、手不释卷的教师往往被"淘汰"出局，游离在职称以及各种荣誉的门外，看似超然，其实尽是无奈。

由此可见，为了更好地适应生存于其中的职业环境，且能在职业竞争中胜出，绝大多数教师赤膊上阵，在应试的小天地里驰骋拼命，已然忘却这个世界上还有一种叫做书的精神食粮。

即使是那些在职业竞争中胜出的名师们，他们虽然口口声声跟老师们强调阅读的重要性，但其骨子里还是庸俗成功学那一套，不信，你看看他们到处兜售的那些东西，什么《优秀是"读"出来的》《阅读造就成功人生》，皆是现身说法，使出浑身解数要教师们相信读书的实用价值。

用名利的春药虽可诱发教师一时的阅读激情，但长久以往，再猛的药也会失效，且对身体大有损害。

读到这里，如果你对我的良苦用心还不甚明白，以为我在这里煞费苦心为教师不读书的现状，使劲辩解出合理化的"借口"，除了心痛和苦笑，我别无他法，因为没有什么危害，比不摸准教师为什么不读书之脉，就胡乱下药更甚！

现代教师为什么需要读书？

眼尖的读者会发现，此节标题与上一节标题中的"教师"一词前面，我用的修饰语不一样。活在当下的你作为一位教师，难道还不算是现代教师？

是的，不算。

在我看来，作为一位现代教师，其核心的特质表现在，他的观念是否与这个世界，与校园里的每一个鲜活的生命血脉相连，并把学生的健康成长放在教育的首位。

观念是教师教育行为背后的价值取向。教师一旦在观念上出了毛病，无论他在专业上有多高深的造诣，也无法弥补他因观念上的偏差而给学生带来的灾难性后果。演员李冰冰接受《南方周末》专访时提到，她从小到大就是一个特别没有自信的人，因为小时候算术成绩不好，她一直笼罩在这样的观念阴影下："小时候不会算算术的人都很笨。"她说，算术不好，导致什么都不好，以致自己一直没有安全感，恨不得自己能丑一点，"我现在一直有点驼背，我从小的时候一直是这样走路，就希望老师不要看到我"。爱美之心乃人之本能，却硬生生地被扭曲为"恨不得自己能丑一点"，可见，观念是一只多么可怕的"看不见的手"，它甚至可以让人类这个"物种"慢慢地"变异"。

教育上出了偏差的观念，犹如枷锁，学生的心灵一旦戴上它，可能花一辈子的时间都解不开。麻烦的是，有些观念有其时间性的一面，最容易过时、落伍，教师一不小心，可能就以这些过时的观念建立起铜墙铁壁，在自己的世界里孤芳自赏、自以为是，对外面的世界一概保持封闭和无反应的生命状态。

基于此，就有了衡量现代教师的三个标准：一是做一个开放的教师；二是做一个具有专业素养的教师；三是做一个真正的读书人。这三个标准既有次序上递进的关系，又互相关联、交叉，比如做一个真正的读书人，对达到前面的两个标准有直接或间接的帮助。

一个真正的读书人，他总是抱持开放的生命态度，与这个世界，与他人，与自己时刻进行积极的对话。在书本的滋养下，一个开放的教师，具有以下三个方面的精神性状：一是，在不断正面回应环境的各种挑战的过程中，他确立了自己的信仰和职业追求的方向，努力去寻找并获得一个"更高的自我"（尼采语）；二是，他乐于学习，善于悦纳不同的人，并批判性地吸收、消化不同的观点。谈到学习，达尔文可作为我们的典范。曾有人要达尔文写一篇自传，他作了如下答复："我先是学习，尔后是环球旅行，然后又是学习，这就是我的自传。"三是，他放下成见，以崭新的方式看世界，伴随着好奇心、责任感，并在与他人自由地交流、分享中，不断学习、转化、创造、发展，在生命不同的季节里，其思想总有恰如其分地成长。

一个真正的读书人，他内心敞亮，知道自己在专业上追求的方向在哪里，正如梭罗所比喻："好像水边的杨柳，一定朝着有水的方向伸展它的根。"在书本的滋养下，一个有专业素养的教师，是而且必须是一个有专业伦理和专业能力的人。叶圣陶先生对教师有一个基本要求：肯负责，有本钱。"肯负责"，指向专业伦理；"有本钱"，指向专业能力。

先说专业伦理，它早已被各行各业抛之脑后，整个社会的人为了利益，可以不顾任何伦理底线。作为教师，对学生的尊重和欣赏，即成全生命、呵护人性，应该成为其专业伦理的根本标准。许多老一辈的教师，有太多值得我们学习的东西，尤其在恪守专业伦理方面。我有一次听于永正老师上作文课，课题是《写保证书，转述通知》，当他和学生互动结束后，学生开始按要求写保证书。一个学生突然站起来说："报告！于老师，孙×看我的！"于老师当即答道："看你的？人家是在向你学习，没关系，因为一个人考虑问题总不会那么周密。"放眼望去，班上确实有几个可能写作能力较差的学生正在左顾右盼。于老师接着说："看来'政策'不能放宽。同桌写的，可以参考，但不能照抄。"于老师边说边走到一位男生跟前，问道："你抄了同桌几条？"那个男生很不好意思地说："我只抄了一条。我怕写不好。"于老师于是换了一个方式："这样吧，前后左右的同学讨论讨论，交换一下意见，然后再写。"学生抄袭，其实质是他学习上发生了困难，于老师不但给足他们"面子"，而且迅速转换教学方式，组织全体学生讨论，相互启发，同时给足他们突破困难的空间。这种课堂应变的机智和能力，因恪守专业伦理而焕发出温暖人心的力量。令人难过的是，今天的许多教师，因为不读书，不开放，不反思，为了侍奉功利的目的，失去了应有的耐心，甚至不择手段，把学生当工具。上善若水，作为真正的读书人的教师，"一定朝着有水的方向伸展它的根"，对学生有超越功利的人性关怀。

再说专业能力。今天的教育备受诟病，其中有一个我们无法绕过去的重要因素，即人们对教育者的专业能力普遍不信任。虽然现在家长的文化水平普遍提高了，但有一个事实确凿无疑：家长有文化素养不一定等于有教育素养，他们许多对教育非理性的质疑、指责，往往造成教育更混乱的局面，当然，这跟教师没底气，没自信，尤其是专业能力方面，有很直接的关系。教师的专业能力并非局限在教学能力这一狭隘的范围里，它自然还包括爱的能力、沟通能力、表达能力、思辨能力、写作能力等等。越来越多的有识之士形成了这样的共识：在可见的将来，能让学生考出好分数，不过是一个教师最低限度的"本钱"。作为现代教师，他最大的"本钱"是，在读书中扩展教育视野，回归教育常识，并在实践中不断磨砺自己的思想，从而建构起支援他作为现代教师的"思想资源库"。

有"本钱"的教师，对日常生活和教育中似是而非的繁杂现象，不盲从权威的声音，也不轻信流行的观点，而是保持自己的敏感，屡有独到的见解，因为他始终眷念健康的人类精神，视"读书明理"（郑板桥语）为天职。比如，关于减负问题、学生跳楼事件、学校文化建设、杜郎口现象和教学模式、好教师的标准等教育"热点"，有"本钱"的教师不仅有自己冷静的思考，而且往往能透过现象，直指教育的本质。

亲爱的朋友，读到这里，不妨请你问问自己："我是现代教师吗？"在回答这个问题之前，你不妨先问问自己："今天，我读书了吗？"

现代教师怎么读书？

古人云：开卷有益。这是一句很笼统的励志"口号"，很像小时候大人哄我们的招数：乖，听话，才给你糖吃！糖吃多了，不仅牙要坏，脑袋瓜也会不灵光的——光听话，就不思考了。同样道理，如果所开之卷皆是糖之类哄我们听话的东西，除了可能让我们变得越来越蠢，何益之有！

所以，我们必须认真思考：作为现代教师，需要怎么读书，才能真正做到开卷有益？

一曰，须开有益精神发育之卷，获得现代教师所必需的基本常识和内心生活。

浮躁与功利，是这个时代的传染病，其病毒无孔不入，殃及教育，最明显的恶果是，教育日益平庸化、世俗化，且逐渐露出僵化和滞后性的面孔。作为现代教师，如何在庸俗的空气中增强免疫力，自觉去突破现状的呆滞和体制的局限，让自己多一点教师味，多一点书生气？这个问题，可用《红楼梦》中薛宝钗的一句话来回答："不拿学问提着，便都流入世俗去了。"当然，"拿学问提着"，指的是在思想上下工夫，这是精神发育之关键的关键，而提高思想能力的关键途径则要"直扑经典"（黄克剑语）。可读点哲学，回到人类的思想源头——轴心时代的伟大人物（比如孔子、老子、苏格拉底、柏拉图）那里去吮吸精神发育必需的奶水。今天之教育，虽流派林立，杂象丛生，但若有哲学之慧眼烛照其间，我们一定不会因被遮蔽而迷失，因为哲学有益我们解放思想，开阔眼界，回归教育之常识。

话说回来，今天的中小学教师，不管是在学生时代，还是走上讲台，皆在应试教育的大道上前仆后继，几乎无暇亦无心去吮吸哲学原典之奶，久而久之，精神的肠胃根本适应不了"原奶"。这时候，当然要退而求其次，先吸收一些"奶粉"式的解读本，比如读《论语》，可以先借助钱穆先生的新解本、杨伯峻的译注本、黄克剑的解读本、李泽厚的今读本等等，至于于丹的心灵鸡汤版，最好别碰，因为她只是从《论语》中舀了一丁点的"奶粉"，却用了一吨以上的水去冲泡，偶尔尝尝倒也无妨，若喝多了，喝上瘾了，只能导致营养不良。

精神发育犹如身体发育，除了必需的营养外，还需运动，所以，现代教师的精神生活需要经常"运动"、调理，也就是说，现代教师既需要满足生存的职业生活——教书，也需要丰盈灵魂的内心生活——读书。就精神享受而言，读文学类的经典作品，犹如听经典音乐，可以滋润心灵，让生命伸枝展叶，保持旺盛的活力。叶嘉莹教授有一次做讲座后，与学生曾有过如下问答。一学生问："叶先生，您讲的古典诗词我们很喜欢听，可是学了它，有什么用呢？"叶教授回答道："你这话问得很现实。的确，学了古典诗词既不能帮你找到职业，更不能帮你挣钱发财，但学之最大的好处就在于使你心灵不死。庄子说'哀莫大于心死，而身死次之'，如果你的心完全沉溺在物欲之中，对其他一切都不感兴趣，那实在是人生中第一件值得悲哀的事啊！"叶先生的回答，让我想起《圣经》里的一句话："神说：'如果你内心的光明熄灭了，那黑暗多么可怕。'"是啊，很难想象，一个"内心的光明熄灭了"的教师站在讲台上，如何能做到以人间情怀之灯去引领学生观照、眷注人生世相呢？

二曰，须开有益专业发展之卷，获得现代教师所必需的专业素养和思想能力。

谈到读书，许多专家学者言必兴趣，使读书成为人生之乐事云云。从理论上来说，一点都没错，因为人要把一件事做好，最需要的是动力，就人选择读书而言，其动机有二：一是喜欢其"无用之用"；二是确信其"有用性"。第一是全凭兴趣、爱好去读书；第二是抱持一定的功利心去读书。对于久经应试教育锤炼的教师，除非从小培育了兴趣，养成读书的习惯，否则，很难让读书成为他的生活方式，因为常识告诉我们，任何兴趣一旦错过早期的开发，缺乏一点一滴的积累过程，长大后不管怎么努力，也很难真正被开发出来。对于大部分教师而言，虽然无法尽情享受到把读书当消遣的乐趣，但至少还有第二个动机，可以让他们拿起书本，即把读书当成工作的一部分。

我们无需囿于道德感，觉得缘于第二个动机去读书多少有些不光彩，其实，当我们与有益专业发展之书——比如教育学、心理学、生物学等专著朝夕相处之后，所受到的潜移默化的熏陶足以改变我们的气质，提升我们的专业素养，并将之显露在教育教学的日常工作当中。

作为现代教师，当你在教育学、心理学中学到了理解儿童的知识之后，自然会运用它来审视自己的教育行为是否突破了专业伦理的底线。比如，当学生在你的课堂上不听课，而是埋头有滋有味地读起课外书，你会怎么处理？举这个例子，有感于我的好朋友的小孩 D 在学校的真实遭遇。

D 有一次在语文课上偷看课外书，结果语文老师走到他身旁，抢起课外书，咆哮着把它撕烂掉，然后扔进教室的垃圾桶。朋友说，D 从此恨死了语文老师，虽然上课再也不敢偷看课外书，但压根听不进去，成绩从此一落千丈。我相信，一个有专业素养的教师，不可能采取如此粗暴的惩戒方式，因为书本上随处可见诸如此类的告诫："我们大多数人都知道，产出和蔼、高贵和聪明的人民，要求细心的教养。"（迈克尔·施瓦布语）

一个学生成为什么样的人，除了先天遗传的因素外，后天的教养至关重要，有时候，教师的一个眼神，或一句话，或一个动作，都有可能产生深刻的影响。以上案例，教师的表现毫无专业伦理，即他用一个更大的错误去纠正一个小错误，无视对学生的心灵伤害。如果教师事后有所反思，应该找到学生进行"安抚"式教育，尽可能修复学生因自己的冲动而受到的损害。当然，或许这是一个相对极端的例子，但我想借此进一步谈的是不读书的可怕后果：当一个教师躲在以一己经验筑成的硬壳里，不读书，不反思，其硬壳遮蔽住他的眼界，让他见不到一个个鲜活的生命，从此把僵化的教条和自以为是的自大当成教育的全部。

作为现代教师，当你依据有益专业发展的原则来精选书籍，并认真地一部部"啃"下来，你的专业能力自会潜滋暗长，获得意想不到的提升。比如，在与诸多中小学语文教师交往的经历中，我发现，他们的文本研读能力甚差，究其根本原因，在于他们除了阅读课本的选文外，对该选文作者的其他作品从不涉猎。于是，我分别在福建厦门的一所中学和小学成立了读书会，以"教学文本解读及拓展性阅读"为专题，要求读书会成员每人挑选课文的三个作者作为研究对象，一年内集中精力读完三个作者的所有作品，包括部分研究他们的专著或文章。每次研讨，让其中一个成员主讲，专门介绍他最近研读某个作者作品的收获。

此外，作为非消遣性阅读，你还可以尝试做读书札记，一则有益记忆；二则有益思想能力的提升。这个读书札记主要包含两个方面的内容，一是摘引书中作者的核心观点，二是记下自己的心得、见解。2010 年一个冬日，我去拜访特级教师陈日亮老师。在他的书房里，聊起彼此最近读的书，他捧起笔记本，读了几则他的读书札记。听完，我接过来一看，不得了，整个本子记得密密麻麻的，在一行行娟秀的文字里，时现思想的灵光碎璧。一问，才得知，陈老师自年轻当老师开始，就养成记读书札记的习惯，尤其是前几年退休后，边读边记，成了每日必修的功课。看到陈老师翻箱倒柜找出的一大沓笔记本，我兴奋不已，当即力邀陈老师把这些札记输入电脑，筛选、整理后交由我们出版社出版。2011年下半年，陈老师终于把读书札记整理出来发给我。我把它打印出来，带在身边，抽空就读。经反复斟酌，我把书名定为《救忘录——一个特级教师的读书零札》，这个书名蕴含了我阅读的感受和由衷的敬意：我们总是纠缠于读书究竟有用，还是无用，殊不知，书读多了的人，他们一举手，一投足，一张口，一落笔，处处闪现书籍赐予他们的特有气质，一如陈老师，他花了一辈子时间当读者，记下的是一个现代教师的样子。

过有思考的教书生活

成长意识：我们为什么需要读书

三四年前一个周末的上午，特级教师朋友 M 到我家泡茶聊天。M 一进门，就被堆得到处都是的书吓着了，夸张地大呼小叫：天呀，这么多书！坐定后，M 一本正经地问，老兄，这么多的书，你看得完吗？我笑而不答。M 接着说，这么多书，你即使都看了，记得住吗？看这么多书，又什么用呢？我要是像你这样，读这么多书，早就成书呆子了，还评什么特级教师。天呀，这回轮到我惊讶了：原来特级教师是"评"出来的，不是读出来的。我满心不是滋味，看着他，问，你上午吃了吗？他答，吃了。我说，从中午开始，你不用吃饭了。他一脸莫名其妙。我继续说，晚上也不用吃，总之从现在开始，你都不用吃饭了，你看，你吃那么多饭，都留在肚子里了吗？M 恍然大悟，哈哈大笑。

此事过后，我一直在诘问自己：我为什么读书？教师为什么需要读书？读书难道仅仅是类似于娱乐的一种爱好？

这些问题困扰我许久，我一直想不明白，直到遇到另一件事情后，才彻底想明白。

一次聚会，一个当政协委员的朋友兴奋地向我们分享他的提案：中小学，尤其是小学、幼儿园，务必增加男教师数量，否则男孩子女性化的倾向将越来越严重，不利社会发展。看着朋友激动的样子，我沉默不语，虽然直觉告诉我，这个问题没那么简单。

事实上，我也常听到一些小学校长、教师朋友的抱怨：学校的女教师太多了，不利于管理，不利于孩子的发展。我一般都是听听而已，没往深处去想。

看来，我需要把这个问题彻底想明白了。

我翻阅了很多资料后发现，关于这个问题，许多专家、学者也一直在关注、呼吁：中小学，尤其是小学、幼儿园，"教师性别生态失衡，若不进行有效扭转，势必受到教育规律的惩罚。"（《增加男教师：我们必须行动》，潘健/《人民教育》2013 年第 20 期）"事实上，在中小学，尤其是幼儿园，男女教师比例失衡，是一个全球性问题，美国、英国、澳大利亚、法国、意大利、韩国等国存在同样情况。"（《男教师，全球告急》，胡乐乐/《上海教育》2006 年第 1 期）。

一面是专家学者忧心忡忡的呼吁，一面是这种情况在全球普遍存在。"存在，就是合理的"（黑格尔语），我的直觉或许是据此作出的反应。

直觉是不可靠的，我于是找来大量生物学、心理学的书。一番猛"啃"后，我终于想明白了这种情况存在的学理上的依据。

先说生物学上的理据。郑也夫先生在《神似祖先》一书的"有性繁殖与婚配制度"这一章中提到生物界的"性别之争"时，曾就异性双方在生育问题上的不同特征做了详细的介绍。从投入成本的多寡看，什么是雄性？什么是雌性？二者的定义是，双方各拿出一部分东西参与生育，每次参与中谁拿出来的大谁就是雌性，谁拿出的小谁就是雄性。比如人类的卵子的个头大概是单个精子的一百万倍。可见在制造一个婴儿中，雌性的付出大。从产出上看，就人类而言，雌性一生生育 20 次就是高限了。如此高产要求非常稳定的、健康的身体，并且不能有闪失，不能有间隔。当然，因为有多胞胎，子女的个数与生育次数不尽相同。世界上最高纪录是一个女子每次生育均是三胞胎，共生 69 个。但是一般而言，女性生育的数量与男性比，毕竟差远了。男性最高纪录高达867 个，是摩洛哥的一个国王，他的儿子就有 525 个。从机会上看，假如两个性伙伴都很冷酷，生育出一个孩子，都不愿意看管，那么如果真的牺牲了孩子，雄性吃亏较小，因为雄性的机会还很多。而雌性牺牲了一个，就牺牲了全部子女的几分之一。从交配到生育，雌性的付出较大，所以"母亲更难下狠心推卸产卵或产后哺育的责任"（戴蒙德语）。

由此，郑先生从进化生物学中开拓思路：直到人类这里，还是雌性哺育后代负的责任更多一些，因为在生理特征上，人类有与动物一以贯之的因素。我们可在郑也夫先生的思路上再往前一步：母爱是一种天性，尤其在孩子幼小的阶段，母亲对孩子的职责几乎是一种本能，所以，在幼儿园以及小学的中低年级，全球的学校不约而同倾向于选择女教师，正如有人所说"教育是母性的"。

再说心理学上的理据。幼儿对母亲的依赖与依恋更是一种生命本能。依赖，是指幼儿在生理需求上离不开母亲精心的照顾；依恋则是在依赖的基础上发展而来的情感、心理需求。心理学研究发现，从人的一生心理发展规律看，一个人若在童年期过早地失去对"母性"的依恋，容易有终身的社会情感缺陷。所以，孩子在精神发育的胚胎期，即心理依恋期尚未"断奶"时，尤其需要女教师母亲般的似水柔情来滋润。

问题是，今天的学校教育，一则过度追求分数，导致急功近利；二则大班化的班级模式，导致控制化管理，以致许多女教师变成了令学生畏惧的"母老虎"。此外，整齐划一的学校教育极其不利男孩、女孩按各自生理、心理发展规律成长。无视这些客观因素，简单地将原因归咎于女教师偏多，根本解决不了问题。

当我想明白了这个问题，那些困扰我多时的问题也就迎刃而解：在人的每个生命阶段，都会遇到许多我们想不明白的问题，即使人到中年，也不可能像孔子所云"四十不惑"，人既然生而有惑，就要有成长意识，力求想明白。

作为现代教师，凡事要想明白，获得教育教学所必需的常识和学识，读书当然是一条不错的成长捷径，恰如流沙河先生所云："读书如秉烛，固不能照亮每个角落，但总比摸黑好。"

读者意识：我们要读什么书

在我看来，作为现代教师，应有读者意识，所读之书，当分两类，一类为"无字书"，一类为"有字书"。

先谈"无字书"。诚如丁学良教授所言，天下即为一本值得我们咀嚼一辈子的"无字书"。对于现代教师而言，这本"无字书"，至少应包含以下两个方面的内容。

一是读懂我们所处的时代，汲取现代公民所必需的基本营养。我们这个时代，正处于急剧转型阶段，呈现出前所未有的一些时代特征，如速度大于质量，焦虑大于幸福，快感大于思想。我们要清醒意识到，这些仅仅是浮现在表面的时代碎片，并非这个时代的本质。冷静想来，这是一个转型的时代，也是一个重建的时代，社会、文化以及思想都处于重建之中，信仰、健康和家庭等关乎人的切身幸福的东西，都将回归到它们应有的位置上来，尤其是教育，将越来越凸显出它形塑国民性格和社会形态的力量，正如李泽厚先生所预言"二十一世纪将是个教育学的世纪"。所以，作为现代教师，你无须浮躁，一味随波逐流，也无须消极，但求得过且过，而须扪心自问：在一个属于我们的世纪，我准备好了吗？我如何去寻找和获得一个"更高的自我"（尼采语）。

二是读懂我们身边的人，如学生、同事、家长、亲人等，于人情练达与世事洞明处，获得滋养专业成长所必需的修养和学问。比如说，在与学生交往过程中，有些教师教学水平很高，却不受学生欢迎，这样一来，教书虽不算苦差事，但也仅是职业性的机械劳动而已，一点也享受不到教书的乐趣和职业的幸福。若说与学生交往真有什么秘诀的话，我想只有一个：你读懂学生了吗，即你知道不知道学生是怎么想的？女儿六年级毕业不久，我跟她到海边散步，聊到她们的小学老师时，我们讨论了"什么样的老师是学生心目中的好老师"这个问题。女儿说，一个好老师，当然要会"理解我们"，这样的老师一定是一个"会教、会管、会玩"的老师。围绕"会教、会管、会玩"，女儿列举了大量的例子，听得我目瞪口呆，又惊又喜。想不到平素文文静静的女儿，竟有如此独到的见解。如果一个教师对学生是怎么想的能了然于胸，怎么可能成不了学生喜欢的"孩子王"呢？

再谈"有字书"。所谓"有字书"，专指记载人类精神财富的书籍（现在当指纸质书籍和电子读物）。读书，乃现代教师拓展视野、训练思维以及涵养胸襟之重要途径。依我愚见，现代教师应有地基式阅读，即涉猎广泛，触类旁通，让自己的专业成长有更多更广的智慧支援，否则，一味在本学科知识上打转，容易固步自封、思想僵化。

简而言之，现代教师至少应有"为人生"与"为专业"两个层面的阅读，当然，这两个层面并非水油分明，而是水乳交融，你中有我，我中有你。

"为人生"的阅读，是基于认识生命、健全人格，有益于变化气质，提升人生品质的阅读。这个层面上的阅读，可从哲学、生物学、人类学、社会学等书籍入手。比如，读哲学书，我们一定绕不过这个终极问题：认识你自己，即你是谁，从哪里来，到哪里去。我们虽然不可能从各个流派的哲学家那里获得标准答案，但从他们对人、人性、人生的意义等问题的追问中，我们不仅获得了滋润心灵的甘泉，而且看世界的眼光也会发生改变，有了在世间追求人生之丰满、幸福的勇气。常听人说，我们不能改变这个世界，就改变自己。事实上，改变自己，也就间接改变了这个世界，因为我们每个人都是这个世界的一分子。但改变自己，谈何容易，我们连认识自己都困难重重。所以，我的答案是：坚持一厘米之变，即从能改变的地方开始，一厘米一厘米地努力去改变。小如一厘米的改变，积少成多，就能引发更多更大的改变。

"为专业"的阅读，是基于获得常识、学识与见识，有益于丰富思想，提升教育素养的阅读。这个层面上的阅读，可从教育学、脑神经科学、心理学、文学等书籍入手。比如，许多学校远未认识到运动的重要性，如果你恰好读了寓身认知心理学、脑神经科学等书籍，就可以把最前沿的研究成果，运用到改变学校领导的观念和老师的课堂上："运动能增加通过脑部及全身的血液流量，而脑中血液充足对海马——形成长时记忆的区域——有效地发挥功能尤其重要。……研究表明，在学校多开展身体活动可以提高学生的学业成绩。"（引自《教育与脑神经科学》/华东师大出版社2014年版）如此读书，既可学以致思，又可学以致用，不亦乐乎！

问题意识：我们怎么读书

相对于一书难求的年代，今天浩繁如海的书籍，直教人油然而生庄子的慨叹："吾生也有涯，而知也无涯。"曾在杂志上读到一则日本作家芥川龙之介的逸事：有一天，芥川龙之介突然莫名其妙地算，我这辈子剩下的时间到底还能够读多少书。他算出来是两三千本，大哭，说，从没想到人生是这么的有限！

是啊，人生如此有限，书籍如此无限，我们应怎么读书，才不致徒劳无获，白白浪费时间和精力？

就我有限的读书经验而言，读书贵有问题意识，这其中包含两个层面的内涵。一则对所读之书，无论名家佳构，还是学科专著，应有怀疑精神，不盲从权威的声音，不轻信流行的观点，保持自己的敏感，并屡有独到的见解；二则带着问题去找书读，即围绕近期研究的课题或思考的问题，去搜集相关的专著熟读深思，为自己的研究或思考做前期的准备。比如，我的好友王木春老师在出版教育随笔集《身为教师》后，潜入民国教育这座宝山，悉心研读大量名家文集、文献资料等。这几年，他满载而归，不仅写了专著《教育的那些陈年旧事》，还主编了《为幸福的人生——民国名家对话中小学生》《民国名家谈作文之道》等。

有问题意识的读书，目标明确，大致可采取以下两种读书方法。

一是，"一本书之用"法，即读书不在求多，在于读透。读透，指精读一书，深入探析，逐次研求，不入其门，不获其趣，绝不释卷。这个方法，元人陈秀明在《东坡文谈录》有载："东坡《与王郎书》云，少年为学者，每一书皆作数次读之。书之富，如入海，百货皆有，人之精力，不能兼收尽取，但得其所欲求者尔。……"当然，一本书之用，还可作如是解：当今之好书，多不胜数。今天听人介绍一好书，即买来一读。明天又闻一好书，又买来读之。只要一听有好书，旋即买来。结果买书虽多，所读却不多，且往往难以完整读完一书，遑论取之精华，化为受用无穷之思想，所以，当养成今日书今日毕的读书习惯，一是书买来即读，不要搁；二是所读之书未毕，绝不另添他书，否则东一榔头，西一榔头，不断掘井，却永远没水喝。

二是，"三化妙用"法，即善于消化，重在转化，关键是内化。一句话，书要读透，更要读通，要善于化书上死的学问，为活学活用的精神资源。比如，《圣经》有云："柔和的舌头能折断骨头。"《道德经》亦云："强大处下，柔弱处上。"如果将这些金科玉律般的话语，仅仅作为训诫牢牢记在我们的脑中，除了可作为炫耀的资本外，无甚意义。而真正读通这些话语的教师，则不仅口诵心记之，且把它们化为"以柔克刚"的教育艺术，娴熟地运用于日常的教育教学活动之中。

要学会"三化妙用"法，大致有三种常见的做法。第一，循序渐进，分阶段推进。这个做法适合入职不久的教师，他们可先从教学技术类的图书入手，过渡到理论书的咀嚼上，最后进入"啃读"经典原著的阶段；第二，做读书札记；第三，以写、编促读，变读者为编者、作者。

活的范本

有一年年末，我到上海总社参加年会。在虹桥机场，巧遇多年未见的初中同学L。他刚从北京出差回来。他乡遇故知，别提多兴奋。L邀请我到他家畅聊，我欣然同往。到了之后，L刚打开房门，他的女儿依依一路小跑过来，边跑边喊"爸爸，爸爸"。依依刚满三周岁，平时都是妈妈带的。L把行李往旁一扔，抱起依依，激动地问："依依，想不想爸爸？""想"，依依奶声奶气答道。"想爸爸就亲一下爸爸"，L头一侧，等待着。依依小嘴嘟嘟，凑了过去。就在小嘴距离L的脸蛋差不多两三厘米之际，依依突然停下来，慢慢把头移开，停住后，看着L，很严肃地说："爸爸，还是改天再说吧。"天呀！我捧腹大笑，直夸依依是幽默天才。坐定后，L的太太对我狡黠一笑，说："朱老师，你知道吗，依依为什么会这么说，因为平时她爸爸工作很忙，很少陪她。他每天晚上若早点回来，或周末在家，也几乎不陪依依玩，不是玩网络游戏，就是看网络电影什么的。每次依依缠着他要去超市，或到公园玩什么的，他都这么回她：依依，爸爸正忙呢，还是改天再说吧。"

原来如此，依依真是活学活用的高手，她给我们大人上了无比生动的一课：在心智尚处于发育阶段的孩子眼中，父母言行之重要，往往超乎我们的想象，因为父母是孩子天然的老师，是成长中的孩子时刻效仿的活的范本。

如此说来，我们在孩子面前自然流露的一个眼神，一个动作，一句话，乃至待人接物的方式等等，都有可能成为活的范本，即带有意想不到的教育性。

一个人对世界的认识，即他的价值观的形成，时时处处皆留有活的范本之印迹。

坏的范本，对一个人价值观的形成，起到的是消极作用。

孙犁在《与友人论学习古文》(《孙犁全集·第六卷》/ 人民文学出版社）一文谈到，在十岁左右时，他的父亲请了一位老秀才，教他古文，却没有给他留下任何印象。因为他看到老秀才走在街头的那种潦倒状态，以为古文是和这种人物紧密相连的，因此实在鼓不起任何学习的兴趣。

孙犁眼中老秀才的潦倒状态，直接形成了他的价值判断——对古文的偏见，从而影响他学习古文的胃口。

对孩子来说，不仅他看到的是教育，听到的也是教育。有时候，我们无意中说出的一句话，极有可能变成孩子认识这个世界的价值观，所谓"说者无意，听者有心"是也。所以，在孩子面前，要尽量避免说一些带有个人价值判断的话。有一次，我和 Z 校长聊到"活的范本"这个话题时，他深有同感，回忆了一件给予他深刻教训的往事。

某次晚餐，Z 校长和夫人商量家里购买轿车之事，正读小学四年级的儿子在旁认真听着。夫人考虑了非常多的细节，Z 校长最后一锤定音表了态：只要不买日本车，其他一切依你。此事过去大半年之后的一天，学校的音乐老师找到 Z 校长"投诉"：音乐课上，学习的是一首日本民歌，开始是小组合作，同学们互相研讨这首民歌的主题、旋律等，结果 Z 校长的儿子沉默不语，拒绝参与小组的任何讨论。小组的同学举手"揭发"，老师到其身旁询问原因，Z 校长的儿子就是一声不吭。到了个人完整试唱阶段，老师点名让 Z 校长的儿子起来唱看看，并说，他刚才可能沉浸在自己的思考中，他对这首歌一定有独到的理解。没想到，Z 校长的儿子站来气后，恶狠狠地说道，我不唱，凡是日本歌，打死我都不唱的！老师和同学愕然。Z 校长听后，突然忆起那次饭桌上自己"咬牙切齿"的表态，不由后悔不已。

　　可见，坏的范本通过对价值观的影响，进而引发出糟糕的行为表现。在学校的日常教育教学中，我们总是一味去责备学生"坏"的行为，而忽略了追究其行为背后坏的范本的来源。几年前，我到深圳某学校讲课。结束后，到校长办公室聊天，校长忧心忡忡地告诉我，他的儿子让他操碎了心，以致他常常疑神疑鬼，有时怀疑没把儿子生好，有时又怀疑自己的教育出了问题。他的话音未落，一人高马大的体育老师就闯进他的办公室，愤愤然道，校长，你可要好好管管你家儿子。校长忙问，又怎么了？体育老师说，上一节课，我让学生跑步，刚跑一半，一个女生鞋带松了，停下来在跑道旁系。我们跑了一圈，发现那位女生还在那儿慢悠悠系鞋带，我厉声喊道，快点，你要系到什么时候啊！你家儿子随即大声应道，她要系到死！全班哄笑，你说气人不气人！体育老师走后，我跟校长说，你仔细想想，你儿子固然喜欢捣蛋，但他的恶作剧却是体育老师"勾引"出来的，他若不是厉声大喊，而是停下来，关心一下那位女生究竟为何系那么慢，你的儿子哪来那句话？校长点了点头，若有所思。

体育老师的"粗心",进一步提醒我们,今天中小学德育最大的失败是,把重心放在强制灌输的单一维度上,无视心灵引渡、人格熏陶的范本化维度,以致坏的教育行为泛滥成灾,我们却习以为常,不闻不问。比如,有些老师在个别学生犯错时,大发雷霆,采用株连式惩罚方式,不是让全班或静坐或罚站,就是让全班一起或抄课文或抄班级公约等。这种情绪宣泄式的教育行为,凭借老师的权威大行其道,结果呢,许多学生干部如法炮制,把这种教育行为当成"治理"班级的法宝。

毫无疑问,坏的范本给教育带来极大的潜在的伤害,反之,好的范本则是教育得以圆满完成的基本前提,因为它让美好的人性,在润物无声之中萌芽、生长。

好的范本对一个人起到的潜移默化的积极作用,往往不是一时一刻的,而是一辈子的。黄炎培先生在《八十年来》的《母训》一文提到:"我母亲待人多么好呀!只记得我仿佛十岁多些时,一天午饭,有一碟菜,我想吃,母亲说:'留一下,某人要来吃饭。儿呀,待人好些,自己省俭些。'我至今没有敢忘。"

好的范本作为精神的参照物,可以让人"至今没有敢忘",还可以让人努力做到"长大后,我就成了你",即成为新的好的范本。关于这一点,贾志敏老师在《课堂的记忆》一文如是深情地回忆:60年前的课堂上,正读小学的我磕磕绊绊地读完10个生字,糟糕的是,一连读错3个!当我惶惶不安时,教师却说:"真了不起,10个生字居然读对7个。为他鼓掌!"话毕,教师带头拍起手来,教室里掌声骤起。30年前的课堂上,一个小女生朗读《十里长街送总理》。读得实在太好了!读完,已成为小学老师的我,走到这小女生跟前,问:"有纸巾吗?"小女生点点头,从衣袋里掏出纸巾。我把脸凑到小女生跟前，说："请你帮我擦去泪水，是被你感动的。"泪水被擦去之后，我向她要这张纸巾准备扔掉，小女生说："不给行吗？我想保存它。"我点点头，走开了。那位小女生，后来成了上海电视台的节目主持人，现在在英国皇家电视台主持华语节目。

　　活的范本，不管是好的，还是坏的，往往连着孩子的一辈子。身为教师，或为人父母的你我，怎能不因此战战兢兢，如履薄冰。

教育的细节

2014 年 9 月,女儿上初中了。说实话,一开始,我的心里犹如搁了块大石头,堵得慌。女儿小学临毕业前,强烈要求到市里某重点中学就读,我左右为难。按理说,女儿有自己心仪的中学,应大力支持。但我们家所在的片区不在这所中学的招生范围,女儿要读这所中学,且不说高昂的借读费,单提没有学籍,只能寄人篱下这一条,就为以后毕业升学考试、高中录取等埋下诸多麻烦。跟女儿反复沟通后,她终于同意留在本校直升初中。开学第一周,女儿看上去挺开心的,我反倒忐忑不安——我们的决定,会不会成为女儿未来的绊脚石。

第一周周末,女儿谈到她们第一次班会课,班主任反复交代的一个作业"要求":每天晚上十点前务必完成所有的功课,若作业还没做完,就不做了,先上床睡觉。第二天到校,没有完成作业的同学,须跟课代表说明原因,究竟是作业太多所致,还是自己拖拉造成的。若是前者,班主任会及时跟各科老师沟通、协调;若是后者,自己需努力改进,养成好习惯。听到这个细节,我心里的石头终于落地了。睡眠第一,还是作业第一?老师的选择,足以判断出孩子所受的是什么样的教育。

今天我们做教育，校园文化也罢，教学变革也罢，一定要搞得轰轰烈烈，时不时要举办个大型活动，或者印制一些又厚又精美的宣传册，好像唯有如此，才算得上是在做教育。其实教育不是一种时尚，需要一些时髦动作才衬得上。更多的时候，教育藏在一个又一个看似平常的细节里。任何一所学校的细节都不是与生俱来的，往往和它的文化有疏密不一的联系。

看一所学校是否有人文气息，不用去琢磨那些贴在墙上给人看的标语或理念，也不用费心去加减乘除一个个考核指标的得分，有时一个细节就足以说明问题了。

2013 年 4 月，我到广东增城讲课，前往会场时，大雨如注。陪同的增城中学李老师一再提醒司机，开慢点，再慢点，宁可迟到，也不要急。我不由称赞李老师的细心。他笑道，还有什么比生命安全更重要呢，这样的理念已经渗入我们增城中学每个老师的骨髓了，因为每逢雨天或台风天，宋东胜校长总会反复交代我们：宁愿迟到，也不要去闯红灯，或者开快车，为了快几分钟而付出生命安全的代价，一点也不值得！宋校长这个体贴人性的细节，挤破虚假的道德泡沫，让我瞥见了增城中学美好教育的身影。

同一件事情，不同的处理细节方式，表面上看，似有偶然性，实则是不同教育理念鲜活的写照，正如每一朵浪花的绽放，都离不开整个大海的澎湃。今天的教育虽有太多不可逆的牵制，但一所学校有无人文气息，说到底，关键还在于校长的眼界、境界。我曾到深圳讲学，结束后，和杨勇校长漫步清林小学。在操场跑道旁，我们同时被眼前的一地落红震住了。缓过神来，我们开始咔嚓咔嚓使劲拍。杨校长说，来，我给你拍一张。我欣然站定，

图示 1

仿佛一下子被净化了（见图示 1）。仔细想来，我有如此高的被拍兴致，应该是第一次。当许多学校还在津津乐道所谓校园文化、办学特色时，杨校长已经在校园中把美日常化了。孩子们每天生活在他精心建构的美的世界，是多么幸福！杨校长说，我要交代校工不要把这些紫荆树的落花都扫光，每个角落都留一些，若有若无的，让孩子们周一上学时能看到。一个人的审美素质，需要看多少好东西才可养成啊！杨校长深谙此道。可惜，像杨校长这样的好校长还是太少。有一次，我跟某校长聊天时谈到，南方的校园里可多种一些木棉树。某校长马上反驳我，不行，木棉花一落，不好做卫生。在我看来，没有了对美的敏感，而大谈特谈校园文化，无异于隔靴搔痒！

对美是否敏感，往往意味着对人是否在乎，是否能在学校日常化的各个细节中渗透人文关怀。一所漠视细节的学校，说穿了，是对人的漠视。相反，一所注重细节的学校，对每一个生活于其中的人都异常上心。

我常到各地的小学听课。每次进教室，我都注意到一个普遍存在的现象：学生的书包太大，装的书本等东西太多，课桌的抽屉根本放不下，大部分学生把书包放在椅子的靠背上（见图示2），上课时只有一大半的屁股坐在椅子上，身子挺得直直的，以免压到书包；也有一些学生干脆把书包放在脚边的地面上，这样当然可以坐得舒服，但由于教室的地面铺的都不是木地板，学生也都是穿鞋进教室，所以这样坐，必须付出书包容易脏、容易绊脚的代价。我问过一些校长怎么办，他们给我的答案是，我们的桌椅都是按国家标准配置的，没办法！我的思考是，这个问题往深的层面去想，的确没办法，因为根源有二：一是学生的负担问题，为何天天喊减负，学生的书包却越减越重越大呢！这个问题不彻底解决，书包就不可能有放进课桌抽屉的一天；二是大班化的问题，现在的教室面积也是国家标准，人数一多，就拥挤，空间就小，想要另辟一些空间来放书包都难。往浅的层面去想，虽然在治本上，学校的确困难重重，但在治标上，还是有些许努力的可能的，至少可以让学生坐得更舒服些，又不让书包脏兮兮的。

图示2

　　在深圳市龙岗区外国语学校，我到一年级的一个班级听课，发现他们班的教室后面的黑板下，做了一个专门放书包的柜子（见图示3），这个柜子的长度跟黑板差不多，共两层，每层有21个小隔层，共可放 42 个书包。这个设计的优点是解决了学生书包没地方放的难题，但缺点也明显，一是学生拿、放东西不方便，二是放在黑板下，影响对后面黑板的使用，一旦要出黑板报，需把柜子移开，比较麻烦。

图示 3：深圳市龙岗区外国语学校一年级教室

相对于龙岗区外国语学校的改进，我还在福建省晋江实验小学看到他们在一个年级做的尝试：每张课桌的长度增加约 20 厘米，统一在桌子右边做一个类似电脑桌放主机的长方形柜子（见图示4）。这个设计相对于龙外来说，优点是解决了学生拿、放东西的麻烦，缺点是过道小多了，学生的活动空间也相应变小。

图示 4：福建省晋江实验小学某年级的课桌

当然，以上两个设计的前提是，班级的学生数应控制在 40 人左右。但不管怎么说，能够重视这个细节，并想办法解决，就值得致敬，因为这些具体化改造的努力，本身是在层层禁锢的缝隙中，投进温暖人心的光束！

比起惊天动地的改革，一个个看似无足轻重的细节，足以展现学校的精神价值。忽略细节的教育，犹如没有了绿色的春天，很反常，很吓人。

什么是好的教育

2014 年中秋节前一晚，女儿兴奋得睡不着，一直跟我们谈着第二天回老家的话题。我趁机跟她约法三章，你已经是初中生了，回老家后，晚上睡觉，不能再跟我们挤一块儿。妻随声附和，记住了，不许再耍赖！女儿笑应，好啦，好啦，但你们以后跟我说话，能不能换一种表达方式，不要老是用否定句式，多用肯定句式，比如，你们可以说，到晚上，你记得回自己的房间去睡。我一愣，和妻相视一笑，继而说，可以呀，不过，我很好奇，你为何突然跟我们讲究起句式来？女儿答道，班会课上，班主任潘老师让我们自行讨论、制定班规，要求尽量不用否定句式。我们反复探讨后，从纪律、劳动卫生、文明礼仪、学习等方面制定了班规的各项内容，题目就叫"我能做到……"，不出现"班规"的字眼，也基本不用否定句式。

原来如此。我既感动，又激动。一个人长成什么样子，往往离不开教育在她的心中留下的种子，所以说，孩子的未来即现在。从小学会尽量不用否定句式，即接受好的教育的开始，因为言语表达一旦成为习惯，就会慢慢内化为性格的一部分。这种塑造性格的微妙形式常被我们忽略。太多的否定容易使人形成先入为主的负面判断，从而在情感上累积对他人及世界的消极态度，以致行为表现上难免带有偏执的色彩。

潘老师能如此引导学生，善莫大焉。显然，潘老师的经验是好教育的经验，不仅值得我们复制、粘贴，而且提醒我们思考：什么是好的教育？

好的教育，一定是在学生的心灵种下文明种子的教育，她能激发学生潜蓄在天性中的良善力量，让美好的人性在不知不觉中伸枝展叶。相反，坏的教育，往往为了功利的目的而去压抑甚至摧残学生良善的天性。坏的教育，必然是短视的教育，它培养的不是温情、同情，而是敌视、歧视。

一个朋友告诉我，她费了九牛二虎之力，终于把儿子贝贝送到某重点小学读二年级。贝贝活泼好动，常被老师点名批评。班主任常以他为"典型"，告诫学生不许违反哪些纪律。最后的结果是，当班主任在课堂上一提到班上又有学生干了什么"坏事"，不管是不是贝贝做的，所有学生都会齐刷刷转头去看贝贝。朋友痛苦不堪，不知如何是好。

听完朋友的诉说，我难受极了。我也不知道该怎么办，只是问了一个看似风马牛不相及的问题：这位班主任要么较年轻，尚未嫁夫生子，要么较要强，什么荣誉都要争。朋友答曰：无须"要么"，就是这么一个人。仔细想来，我这个几乎出于本能的问题，其实沉淀了我这么多年来对教育的认识和理解。自从当了父亲以后，我深深体会到，女儿给了我重新发现教育的眼光，更多的时候，是她在启蒙我，教育我。当老师，如果没有了父母般对每一个活泼泼的生命至性真情的流露，则容易唯教条是从，与孩子日渐隔膜。古谚云，医者父母心。此语放在教师身上，同样恰当。所谓师者父母心，并非你真的要为人父为人母之后才可当老师，而是你要有如古语所云的"爱生如子"之心。

所以，好的教育，一定是让人如沐春风的情感教育。人的本能冲动和情感需求是与生俱来的，但情感的发展、成熟，并非自然而然的过程，必须经由教育为其提供真实而健康的通道。近年来，尤其是人到中年后，我真切地体悟到，教育的人间情怀，胜过无数的教科书和僵硬的规章制度，她是教育者伴随自身的生存状态而来的人生体验与生命感悟，是教育弥足珍贵的精神资源。2014 年夏季，我到江苏省常熟市石梅小学讲学，顾泳校长跟我感慨，就在这一两年，特别深刻体会到中年的况味：上有身体每况愈下的公公婆婆、爸爸妈妈，下有正在高中鏖战的儿子，每天穿梭在家校之间，感觉责任重大，身心疲惫。我已忘了当时谈了什么，却牢牢记住了那一瞬间脑中冒出的一句话：好的教育，应有人间情怀，尤其是中年的情怀。

人到中年，生活的形态改变了，难卸的负担里，有弥漫于人生世相中的人情味，也就是说，尽中年的责任，苦涩里有甜蜜，这是人到中年最大的好——情感臻于成熟，看上去很美。我之所以倡导教育要有中年的情怀，是因为情感在教育中具有不可替代的特殊价值，一所有人情味的学校，可以使人在面对人生的艰难时，葆有美的感觉和姿态。让人难受的是，今天中国的大多数学校，除了缺思想外，还缺人情味。不久前刚去世的复旦大学哲学系教授俞吾金先生，在生前痛失爱女时慨叹："学校总在用人，如果能在用人时，也关心一下家属的健康，给家属每年也进行一次体检，那多有人情味儿！"

话说回来，好的教育，并非把人情味毫无原则地庸俗化，而是在充分尊重孩子细腻、敏感而又善良、爱美的天性的基础上，不断积累好教育的经验，并智慧性地进行实践转化。更多的时候，所谓好的教育，老师即衡量标准。在我看来，好老师皆有一副热心肠和一双冷眼。热心肠，意指其完整而丰富的人性素质，对教育、对学生有诚挚的爱和真正的理解；冷眼，则指他于教育的习以为常处，能静观默察，触机生悟，从容应对日常教育生活中各种棘手的事情。简而言之，好的教育，是一门有情感含量的技术活儿，热心肠指向好教师应有的情感成分，冷眼则指向好教师必不可少的技术成分。比如，我们都知道，小学低年级的学生天性好动，无论课堂，还是做操、升国旗等活动，老师们总是习惯于不厌其烦地强调，请安静，注意纪律！不管老师怎么强调，做操或升国旗排队时，总有那么几个学生喜欢动手动脚，故常有学生大声地向老师"告状"，或常有学生不管不顾地"反击"，尽管他们明明知道身后有一双警察般的眼睛盯着，还是控制不住。怎么办呢，女儿学校的顾老师琢磨出了一个"土办法"：做操或升国旗排队时，孩子之间拉开一只手臂的距离。如此一来，队伍虽一点儿也不美观，但那些喜欢动手动脚的孩子乖如绵羊了，一则距离太远，动手动脚实在不方便，二则以往挨得近，动手动脚不容易被发现，现在不一样，稍有动静，目标太大了。这一招用来"对付"一年级的新生，很是灵验。一两个月后，再按正常距离排队，他们也能遵守秩序了。

　　什么是好的教育？答案就藏在教育生活一件件看似琐屑微小的事情当中。

　　不信，你试一试吧。

做有思想的教育实践家

上个月，许多外地校长至厦门，参加某教育家论坛暨某省名校长教育思想研讨会。私下聊天时，校长们纷纷抱怨，哪有那么多教育思想，无非挖空心思在教育前面加上"尊重""幸福""人格"等前缀，然后各显神通，自圆其说罢了，可是不这么做又不行，上面总是要检查学校是做什么教育的。

我非常理解校长们的抱怨，教育就是教育，一旦刻意去区分你们学校是做"幸福教育"的，我们学校是做"人格教育"的，教育就出问题了，开始变成一笔谁也弄不清楚的糊涂账。

我甚至庆幸能听到校长们的抱怨，这至少说明他们还葆有一份清醒，不盲从，不妄动。在这个以浮躁和浮夸为主要特征的浮华时代，作为一线教育者，尤其是校长，如果也处于迷失的状态之中，教育的前途岂能不令人忧虑重重！

这些年来，跟一线校长打交道，我越来越不在乎他们那些五花八门的头衔，比如"著名校长"或"教育家培养对象"，乃至"当代著名教育家"。只要他一开口说话，或到他管理的学校走一走，大致就可以判断出他是否是实至名归了。说实在话，今天当校长，只要你足够"听话"，想办法让"上面"满意，该有的荣誉一般少不了，但若仅满足于此，何止离"教育家"等头衔十万八千里，连"好校长"的称号都要打个问号。一个好校长，必定是一个有独立思想且具有实践能力的教育者，这是教育的希望所在，也是好的教育的基础和起点。在言必"著名""教育家"的今天，我更期许能有越来越多的校长脚踏实地，努力做有思想的教育实践家。究竟如何才能成为有思想的教育实践家呢？我试从以下两个向度谈谈一己之思。

先说有思想。这涉及校长认识教育的问题，即校长对教育应该如何思考。一个有思想的校长，他对教育的认识，将依序按如下三个方面的思维方式展开。

第一方面是有效思维。所谓有效思维，是指能产生积极教育效果的思维。毫无疑问，所有的校长皆希望避免无效思维，但事实上，现实教育中，无效思维无处不在，比如，全国不少校长对一劳永逸的课堂模式之膜拜，到了令人不可思议的地步，结果劳民伤财，怨声载道。

一个校长要让自己的思维变得有效，至少需具备以下三种意识：一是铁律意识，即办学必须既遵循教育规律，也严格遵守相关的教育法规、法律；二是变通意识，指在恪守教育规律、法律的基础上，依据现实中复杂而又特殊的教育情形，不墨守成规，随机应变。比如，我女儿所在学校的初中部，对每周一节的音乐、美术课作了灵活的处理：单周上两节连上的音乐课，双周上两节连上的美术课，这样一来，有了充足的时间让学生参与到课堂活动中；三是传播意识，指根据教师、学生、家长等不同对象，校长通过一定的载体，比如演讲、文章、宣传栏等，将办学思路、教育理念等，准确且合情合理地传达给他们。我曾在某市一小学的五年级某班教室发现，墙上挂满了装裱讲究的宣传标语，可惜内容皆为"静心教书，俯身育人"（见图示）之类的空话。显然，此类标语挂错了地方，属于驴唇不对马嘴的无效传播。再比如，许多校长面对学生的讲话，一张口就是套话、空话，此类无效传播现象，我们因司空见惯，而变得无知无觉。

标　语

第二方面是开放思维。现代教育，要求校长成为一个开放的人。开放思维，指在开阔眼界，获取知识，增长见识的过程中，不断把这些东西内化为素质，逐步建构起一个安身立命的文化生态，并在日常的决策过程中，既善于集思广益、择善而从，也会求同存异，即在平衡和妥协之间，进退有度。

开放思维并非盲目地走出去看一看即可形成，它需要自觉确立以下三种意识：一是成长意识，在学校发展的不同阶段，校长的知识结构、文化素养以及管理水平，亦须同步乃至超前发展。成长意识之所以重要，在于它直接关系到校长自我学习的水平。显然，校长自我学习的水平，决定了他自我发展的能力和管理学校的水平；二是问题意识，校长在管理的过程中，是仅仅满足于解决一个个现实问题，还是善于随时随地学习、思考，具有强烈的问题意识，这是一个校长有无创造力的分水岭；三是独立意识，在我看来，这是校长获得职业幸福和内在尊严的基本前提。一个无法独立于权力、金钱和潮流的校长，何来批判与反思，何来教育的思想？

第三方面是超越思维。人生活在两个不同的世界之中，即物质世界和精神世界。一般而言，功利思维对应物质世界，超越思维则属于精神世界。当今时代，中国的物质世界发展飞速，尤其是经济发展之快，犹如狂奔的野兔，而对应于精神世界的教育、文化和思想等，其发展之缓慢，堪比乌龟之爬行。问题由此产生了，由于功利思维作祟，许多外行的领导要求教育也要跑得像兔子一样快，甚至恨不得对其施行"变性手术"，直接把乌龟变成兔子，这就是教育的现实困境。面对现实的困境和压力，如果校长没有超越思维，则很容易沦为异化教育的帮凶，反之，则会自觉追求学校的精神性发展。

一个校长要把自己的思维提升至超越思维的层面，需确立以下三种意识：一是未来意识，要有远见卓识，用未来照亮教育；二是品位意识，学校是校长的精神化存在，一所学校有无品位，与校长的审美眼光、道德修养，乃至精神信仰等息息相关；三是境界意识，即超越狭隘的功利境界，回归到成全人的教育目标上——培养富贵、文明、走向世界的现代公民，把知识、德性、能力、美的品格的培养等方面，作为教育的重心。

再说教育实践家。这很自然就引出我一直强调的校长核心素养：实践智慧，即在解决实际问题的过程中，善于将一般原则和具体情境相结合的实践能力。只谈原则，不问情境，容易陷入教条主义的泥淖，反之，则易变成一味讲实用的滑头。比如，对于外来的节日，如情人节、愚人节、圣诞节等，许多年轻人青睐有加。学生能否过洋节，学校怎么看，怎么做？就拿愚人节来说，我身边的一所学校这么做：愚人节的前一天下午，各班班主任通知学生，禁止过愚人节，不许愚人节当天有各种搞怪行为。郑州艾瑞德学校则依据学校的八大品质教育目标（独立、包容、自约、忠诚、勇敢、合作、幽默、风度），针对愚人节，设计了"幽默节"课程内容。愚人节当天，艾瑞德师生在遵循没有人身攻击和破坏情感的原则下，"愚乐"无极限。

在我看来，教育能否进入鱼游鸟翔的自由境界，关键在于以上两个向度的紧密统一，即"知""行"合一。

附录　关于本书的部分评论

　　永通很敏感，一次参观，一段阅读，一场茶叙，甚至女儿的片言只语，常能引发他对教育的思考。

　　教育就是由诸多细节构成的。将这些细节与自己的思考结合起来，诉诸妥帖的文字，让读者感受到作者思维之河的流淌，不容易，但永通做到了。

　　教育是一个太古老的话题，唯有把握本质，联结时代，方能新见纷呈，给人启迪，永通也做到了。

　　——朱　煜（上海建平实验小学教师，华东师范大学硕士研究生兼职导师）

　　观念的水位决定教育的水位，而实际的教育又离不开许多细节，如何把握这些细节并从中发掘教育价值，思考教育本质，寻求"人化"的教育、良善的教育，本书会给您很多启示。它在娓娓道来的平常故事中，让读者感受到一位父亲的教育情怀和一位教师对一些教育现象的忧虑，启示教育者思考自己的教育行为。本书语言朴实，思想厚重，不玩概念，不纠缠理论，从诸多教育故事中展开对教育常识和教育伦理的真实思考，很接地气，是教师、孩子父母以及关注教育的各方人士值得一读的好书！

——杨林柯（陕西师范大学附属中学教师）

永通君是我熟悉的懂教育，有想法，重实践的教育媒体人之一。这本书所呈现的教育理想和教育认知，源自他几十年来的教育实践，故而没有空话、套话、假话、大话，说的尽是大实话。这里有对红极一时的名校的冷静观察，有对习以为常的教育行为的反思，有对"人民教育家"以及"名师"培养的质疑，更有对"一厘米之变"的建议……读来会让你在平心静气中感受到一位父亲、老师、编辑内心的波涛与热浪。如果我们都能具备一点脚踏实地的教育实践家的精神的话，那许许多多的"一厘米之变"，就有可能推动我们所期待的真正的教育变革的到来。

——凌宗伟（特级教师，原南通二甲中学校长）

永通先生《教育的细节》一书，以其敏锐的目光，透视了教育行为中的真善美和虚假丑。教育的细节，蕴藏着教育的秘密；遵循着"从文化中来，到性格中去"的路径；改变着复杂的教育生态。

头发上的教育学、座位安排的智慧艺术……，对一个个教育细节的思考，折射出作者教育智慧的光芒。在一个耻谈理想和精神的时代，中国教育之沉疴没有速效的灵丹妙药，的确需要每个教育者恪守专业伦理，把握教育重心，秉持"一厘米之变"的信念和行动，用饱含善意的目光去关注每一个孩子，让孩子像孩子一样生活，让教育回归其价值本位。

——杨　勇（深圳福安学校校长，教育学博士）

永通兄关于教育的不少观点，平时与他泡茶闲聊时就听过，成书后更精炼、更富思想。有些观点，在永通兄为我班学生开设的"日常生活中的文化透视"课程中听过，精致而实用，朴实而睿智。

读此书，仿佛与永通兄面对面交流，你可一下子感受到他鲜明的个性：于教育的细处见真情，在教育的细节现思想。

这是一本包蕴教育情怀、有思想分量的书。读之，我们离真的教育又近了一点，我们前行的力量又多了几分。

——欧阳国胜（厦门外国语学校教师）

教育的真谛，不止在经典著作，不止在宏大叙事，更在普通平常的教育生活。本书作者以敏锐的目光，发现了一个个思想内涵丰富的教育细节！细节蕴藏教育智慧，细节呈现教育常识，细节展示教育良知！《教育的细节》会让你明白，当下纷繁复杂的教育现象中，什么是该坚守的，什么是该摒弃的，什么是真正的优秀，什么是喧嚣的浮华。

很多文字，说出了我想说而没有说出的话，酣畅淋漓！

——杨　斌（原苏州一中语文教师，现任职于苏州市教师发展中心）

忍不住确认——我的《一次阅读》：打开一个包裹／一枚一枚

智慧和红色火焰／跳出来／语词与语词彼此延展／撞击、起义，荡漾开蔚蓝／洗亮了皮肤／我看它们的时候／像极了自己的落水／呼救直至转危为安／无疑，这是一次绝妙而蜕变的阅读。

　　此刻，我被钉在了"那些教育的思考"之上，真实、深邃、广博，伏在大地上，紧紧地黏人，它是有多重啊！透明，透明到自己能照见自己的文字——我的观念还活着吗？我似乎也有"生意经"，在淘取利润的同时还"变本加厉"吗？我的"资本市场"风起云涌了吗？……

——钱静霞（江苏省常熟市石梅小学教师）

　　将《教育的细节》一字不漏地读完。真好啊！有想写书评的冲动。还想着等书出来了，买一些送给师大附小的校长们。

——刘艳侠（湖南师范大学教师、博士）

　　猎豹般专注，盯上一个思维对象后，便会撇开乱象，穿史跨域，紧追不舍，直到成功捕擒。荆棘般冷静，名师的小与陋，国人的傲与贪，自我的惑与钝……遇上，一律深扎下去，绝不留情。水晶般剔透，所有批判，皆有对教育桃花源的守望；所有剖述，皆有对灵魂质量的深情关注；所有会通，皆有与优秀自我相遇的执著努力。洞观肆应，探索不息，只为坚韧而美好地存在。永通君的文字，形象而饱满地将亚里士多德的感悟翻了个身：哲学离诗最近。无论刚、柔，冷、热，皆成动人的弦歌！

——汲安庆（福建师范大学文学博士）

朱永通老师《教育的细节》一书直面教育现实中司空见惯的种种问题，切中要害，思想深邃。书中没有对宏大叙事的理论阐释，只有面对一个个教育细节的理性思考，既启迪智慧，又滋养心灵，是追根溯源、探寻教育本质不可或缺的"范本"。走进它，你会发现，一切既在意料之中，一切又在意料之外……

——陈兴杰（辽宁省葫芦岛市龙港区南苑小学校长）

近年来阅读过不少永通兄策划的好书，从中受益匪浅。作为一个教育媒体人，他关注教育热点问题，并对此有着深刻而又清醒的认识。毫无疑问，今天的教育存在着这样那样的问题，但是每一个教育人都应该有所作为。教育中并没有多少大事，每一个教育人都可以用自己的行动让教育变得更加美好。无论从教育观念的更新，还是教育行动的改进来说，永通兄的这本《教育的细节》会带给我们深刻的思考和前行的勇气。

——刘　波（浙江省宁波市镇海区仁爱中学教师）

细读永通兄的书稿，我在想：为什么是"教育的细节"？

较之教育过程，人们往往更看重教育结果，殊不知教育结果是教育过程的逻辑必然，而教育过程是由若干教育细节组成的。故言教育细节决定教育过程、教育结果，乃至教育成败，则顺理成章。

校长们最怕学校出事，而教育事故大多缘于管理漏洞，漏洞就是对细节的忽视与漠视；有漏洞，出事是必然，不出事才是偶然。做事马虎、浮躁，是国人的通病，这在学校里也有所反映。

愿教育同仁们都能读到永通兄这些平实、亲切、睿智的文字。

——贾书建（哈尔滨市香坊区教师进修学校副校长，黑龙江省骨干教师导师）

或热血奔流，或冷泪盈眶。

我不知道是这本书点燃了我，还是我点燃了这本书，以至久久不能安眠。从前不懂"诚自明矣，明自诚矣"，现在明白了：只有真诚才能明白事理，又只有明白事理才能真诚。

我曾经在路灯下徘徊，自以为把一切都打量得清楚，殊不知路灯其实也是一种黑——它屏蔽了满天的星辰。

我曾经从飞机上落地，蓝天白云一下变成惨风酸雨，才知道：不是这世上没有阳光，而是我们高度不够。

——蔡兴蓉（深圳市独立教师）

有缘先读永通先生大作，不胜欢喜。

本书所谈的每一个"教育细节"，都将引发我们对习以为常、司空见惯的"教育细节"作出新的思考。作者既是资深的教育媒体人，又是独立的教育思考者。因此，所谈的"教育细节"，既有一般媒体人所不具备的沉入一线的那份同情的理解、理解的同情，又有绝大多数教育工作者难以掌握的超越一线的那份思考的尊严、尊严的思考。作者时而棒喝，时而灌顶，时而超以象外，时而尽得风流，在对教育细节的介入和超拔之间，他的行走游刃有余，且入木三分。

他的文字从一个新的角度再次证明：所有的"教育细节"，都指向教育的终极关怀，这绝非细节。

——王崧舟（杭州拱宸桥小学校长，特级教师）

每读永通老师的文字，我都有所触动。基于对教育良知的坚守，对教育本真的遵循，对师生心灵的关注，他以独特的视角观察教育细节，以细腻的描写追问教育真谛。

细节虽小，却具有穿透灵魂的作用，看似不经意的一个细节却能给教育带来极大的影响。细节，体现了育人者的教育智慧。观察不到细节的教育，是目中无人的教育，不善于捕捉细节的教育，是缺乏技巧的教育。

掩卷而思，什么是好的教育，什么是好的学校，什么是好的教师，我每天似乎清楚起来了。

——任 勇（厦门市教育局副局长，特级教师，享受国务院政府特殊津贴专家）

这是一本"和光同尘"的书。永通先生在对教育的体察和思辨中，将智慧和希望之光，歆歆地洒落在教育的每一隅尘土上，让人读来明快而不失省察，熟悉却多有高妙。这又是一本从"多一些故事，少一些事故"的愿望中，一路躬行的"现代启示录"。在对无数细节的发现、揣摩、思量、求证和改良的历练中，借靠无数先贤名家的肩膀，注解了教育须"目中有人"的事理人情和哲学慰藉。

"望远能知风浪小，凌空始觉海波平"。怀书，远眺，世界。

——邱 磊（江苏南通二甲中学教师）

朱永通老师在《教育的细节》一书中通过诸多真实鲜活的案例直面教育中许多"被遗忘的角落"，进而对这些角落里发生的小故事进行了客观的思辨，提醒老师们要重新审视日常的教育，重新发掘细节的教育意蕴。

教师，如何成为好老师？如何让教育变得更加美好？朱老师在书中给了我们很多启示，其中一点就是要我们先学会从身边习以为常的细节开始反思和探究，只有真正地理解和读懂学生，才能让教育发生。

教育，就在一个又一个的细节之中；每一个细节，都又蕴含着独特的教育内涵。让我们一起走进"教育的细节"，去细细体味教育的独特韵味吧。

——黄剑峰（深圳明德实验学校教师）

朱永通兄的文章，一如其为人的平和，弃用高深的理论，抛开新潮的术语，只是瞩目于小事，纠缠于细节，字字句句都在教育现场。

这是一个教育人的平实述说，辞藻并不华丽，但总有思想的闪光。不求语不惊人，只在常识的框架内，说出教育的本质。

我们需要这样抓地而行的文字，与我们贴近，与现实相连。在时代的喧嚣中，这或许不算独领风骚的创见，但那种扎实的思考里，见出的是一个教育者完备的理性，和诚挚的情怀。

——蔡朝阳（浙江独立教师，专业"奶爸"）

作者充沛淋漓的灵性带来的敏感和敏锐，以及对现象、细节的透析力，崭露了一个可能我们未曾关注的教育世界，它是如此生动、丰富和充满活力……

——**李政涛（教育部长江学者、华东师范大学教授、博士生导师）**

永通君教过中学，多年从事编辑工作，平时除闭户读书、做编辑之外，也常深入校园观察，与师生对话。这些经历，使他怀有一线教师的"爱与痛"，又具备了学者的敏锐目光。他谈教育，不高高在上、坐而论道，也不跌入琐碎事件中，缠绕不开。他善于从大家习而不察的日常"细节"中，捕捉并提炼出一个个教育智慧，然后用理性平易的语言连缀成篇。

他的文字与思考，背后固然有深厚学养作支撑，但本质上是来自民间的，散发着亲切的泥土气息。

——**王木春（福建省漳州市东山一中教师，特级教师）**

阅读永通先生的这些文章，我常常惊异于他信手拈来如此多故事的本领。他从来都不是虚张声势、避实就虚地宣讲"道理"。他总在情境里，总在现场中，总在我们身边。他所讲述的，都是我们似曾熟悉却又未必在意的。这些寻常而又深刻的故事，从不同的角度，逼近着教育的现实与本质。

我更惊异于永通先生对这些情境与现场的思辨之力：他对"熟悉风景"的冷峻拷问，他对"一厘米"带来的大改变的敏锐捕捉……。这些深邃目光的背后，是他对儿童的拳拳之心，以及对教育的眷眷之意。

——周益民（南京琅琊路小学教师、特级教师）

最近，回归常识日渐成为教育界不少有识之士共同的呼声，之所以有如此近乎诡异的提法，盖因我们长期缺乏甚至回避常识，譬如对生命的基本尊重、和学生的平等相处、学校和企业或工厂的不可完全类比，等等。

不追求宏大叙事，也没兴趣讲太多"普遍真理"，正如书名所提示的，本书从教育的细节切入，指出当前的教育普遍存在却又不为我们所重视的荒诞状态，以及理想的或者说正常的教育本来应有的样子。

读毕掩卷，我们不得不默然：不正常的教育背后，其实正是我们被扭曲的人生。

——吴炜旻（《福建教育》编辑）

读书如会故人！

每当打开电脑，读永通兄书稿，好似一边品着铁观音，一边聆听他的侃侃而谈；也好似坐在某会场的前排正中，正听着他的精彩言说！

"谁言寸草心，报得三春晖！"我首先感受到的是他面对中国教育之沉疴，发自内心深处的呼号与呐喊。

另一个深刻印象是本书内容的博大精深。作为深谙教育内部规律和事务的"准业外"人士，他站在时代潮头，以一定高度俯视教育，并尽可能多维度地从每一个细节处对它进行"刮骨疗毒"，此番心意，我有切肤同感！

他呼吁"对教育中那些不容易引起注意的细枝末节，保持反思性的警觉，并努力用实践智慧去完善它"，我暂称为"教育是细节的智慧"。"细节的智慧"从空间与事件维度指出，教育生活的细节决定了心灵"引渡"和生命"翻译"的成败。

我想，每一个认真阅读，并从书中受益的教师，甚至家长，都会在以下诸多方面提升马克斯·范梅南所说的，一个良好教师所应具备的最基本素质，那就是："职业使命感，对儿童的喜爱和关心，高度的责任感，道义上的直觉能力，自我批评的开放性，智慧的成熟性，对儿童主体性的机智的敏感性，阐释的智力，对儿童需求的教育学的理解力，与儿童相处时处理突发事件的果断性，探求世界奥秘的激情，坚定的道德观，对世界的某种洞察力……"

——黎修远（湖北省咸宁市教育科学研究院研究员）

一个个案例，一个个故事片段，娓娓道来，读之让人欲罢不能。捕捉细节，以小见大，正是这本书的特色。生长总是无声而复杂的，生命的成长充满细节。谈论教育的时候，我们应该意识到，我们所谈论的首先是生命而不是哲学。唯有细节才能凸显真实，真实的成长都是细节。

如果只有细节的展示而无透辟的分析，我们得到的启迪就将是有限的。这本书的核心价值，就在于通过并不鲜见的具体事实，讲出了并不玄奥的家常道理。真理都是朴实的，最可靠的道理就是常识。而当前教育中最常见的弊病就是各种理论、理念、方式、方法的过于泛滥，使得我们远离了常识。

在一生中，几乎每个人都不能离开教育，但很少有人能够真正懂得教育；而很多从事教育的人之所以不懂得教育，是因为远离了教育的常识。

我觉得这是一本教育科普著作，是一部讲出教育常识的著作。

——罗晓晖（成都教育科学研究院研究员）

我多少也读过一些谈教育的书，大多重复地"道"来"道"去，鲜见有像作者这样的结合事例（案例）的夹叙夹议，说理透彻。能在电脑上看完一百多页，在我是几乎没有过的，亦足以证明此书的可读性。

教育细节无所不在，无时蔑有，成功的教育者则必须具有丰富而细敏的触觉。朱永通此书的主题并不新异，他却能把这个道理说得透彻而让人印象深刻，这缘于他善于捕捉细微，深入腠理，反复追问，而直达教育的本质与底蕴。

他以一个中学教师出身的编辑和研究者的身份去观察、体验、倾注、思考，故能深怀爱意，别具视角，独抒己见；复能借语文教师的一副好笔墨，作贴切自如的书写表达，这样就带来了此书的血肉鲜活，生气流动，而不带一点教化的酸腐味。

——陈日亮（原福州一中副校长，特级教师）

现在的教育界，高喊口号的人多，深入思考、观察细节的少之又少！永通是少者，细者！

永通善于观察教育行为的细节，关心"孩子心灵上、精神上的隐性负担"，关注之细腻令我赞叹，如"自迟到看教育文化""一厘米之变""润泽的座位"等。

我在北京和全国许多城市做过"中小学生喜欢什么样的老师"的调查，学生喜欢微笑的老师，喜欢平和的老师，喜欢迟到不是纪律、上课时去洗手间不受限制、会的知识不讲的老师，喜欢同自己击掌的老师、喜欢保护自己隐私的老师，等等。这些教育的"一厘米"之小事，就在《教育的细节》的字里行间；这些又是教育的大事，因为人文情怀，于教育，于学生，永远是头等大事！

——包　祥（河南艾瑞德国际学校总督学，自然生长教育倡导者）

细节决定成败。教育的改变，往往是先从教育的细节的改变开始的。品读《教育的细节》一书，走进一个个教育细节、教育场景，在作者深邃的目光与睿智的思考之中，点击教育之痛，点悟教育之道，点燃教育理想。让我们与作者一道"守住教育的重心"，用切实的教育行动实现"一厘米之变"，"过有思考的教书生活"，"做有思想的教育实践家"。《教育的细节》，好细节，好书！

——叶建云（深圳市宝安区官田学校教师）

每次读永通先生的文章，我心中总会产生一种莫名的涌动。这种涌动，源于他文字中流淌着的对教育的细微体察和对教育事业的一往情深。"中国教育之沉疴没有速效的灵丹妙药"，需要有固本的疗法，要改变那些"习以为常"的思想观念、思考方式和教育行为……

永通先生以敏锐的眼光，观察教育生活的种种细节，探寻到一个个改善教育的"一厘米之变"。

——余　华（《教师博览》编辑）

永通先生发来的书稿，我反复读了多遍。这是少有的，除了《易经》《论语》和我自己写的《让爱智慧》《做温暖的教育》等几本书外，还没有哪本书让我仔细读上三遍的。这本《教育的细节》"出新意于法度之中，寄妙理于豪放之外"？是"如行云流水，初无定质，常行于所当行，常止于所不可不止，文理自然，姿态横生"？不，都不是！

我用一个下午，一口气读了一遍，读完，觉得永通先生和我几年前所认识的那个先生好像不同，那时，他为了约我稿子，竟然从福建专程跑到湖南，至诚温雅。可读这稿子，"三个词汇里的学校文化""减负，减出幸福来了吗""杜郎口的'生意经'与'朱砂丸'""'好教师'能有多坏"，等等，给我的第一感觉就是一个鲁迅式的愤青面市了。

多天后的晚上，再读《教育的细节》里的"头发上的教育学""润泽的座位""有生命的道具""一厘米之变"等。难事于易中，大事在细里。我们大人司空见惯的小事，在孩子看来却是那么天大的事情。"一个人长大后，往往会把学校里教的东西忘得差不多，甚至忘光了，但永远也不会忘记那些他讨厌或喜欢过的老师"。它们让我看到了一个深爱中国教育的实践家真诚的、深刻的、精辟的，闪耀着人性与理性光芒的思想。

今天，我又一次读《教育的细节》，它不仅仅只是罗列了一些细节，也不仅仅是对一些现象作了剖析，这些细节已经具有了生命，折射出整个教育当下的轮廓，激起的不仅仅是在众多教育人内心的涟漪，更在于它是对当下教育改革发展中存在的问题的及时、深度的反思。

《教育的细节》直击细微，直吐真言，直面现实。因直而现棱角，因真而生争议，因细而究根本。能让人反复翻之，掩卷思之，反躬行之，这实在不易。不是对孩子有着真情关注，对教育有着深深热爱之人，是发出不如此声响的。

教育无小事，每一个细节，都是教育的契机。生活即教育，无数的细节便构成了绵延跌宕的生命轨迹。老子曾言："万物并作，吾以复观。夫物芸芸，各复归其根。"说真话不容易，说好真话更不容易。永通先生说了真话，分享于我，我也真实地说出了我读《教育的细节》的感受，分享于您，于永通先生，于我一样热爱教育的人们。

小细节，振聋发聩；大视野，海阔天空。

——陶妙如（湖南长沙同升湖国际实验学校教师，长沙教育学院客座教授）

永通这本书，虽名为"细节"，却颇有"重量"。教育很宏大，也很细微，可以高屋建瓴地讲大道理，也可以体察入微地说小细节。其实，很多时候，所谓的大道理，都是通过小事情、小细节来透露或体现的。佛祖从不说透某个意思，就像迦叶心里明白，也只拈花微笑一样。对于教育者来说，关键在于，我们能否关注到那些小细节、小事情，并进而想通背后蕴含的大道理。

——谢　云（四川绵阳教师进修学校副校长，著有《幸福教师

五项修炼——禅里的教育》等）

朱永通老师的文字总能透过现象抵达本质。生活中、校园里很多司空见惯的现象，在朱老师笔下被深挖下去，教育从感性步入一种自觉，帮助我们从本能和懵懂之中挣脱出来，自觉地研究教育的细节，从而使教育变得更有根基。

朱老师的文字理性中不失温情，感性中蕴含深刻。读朱老师文字的过程，其实就是一种自我训练的过程，是一种自我反思与重建的过程，也是与光明俊伟的人同行的过程。

如果说教育就是一种相遇，那么和《教育的细节》相遇，于读者就是一种教育。

——张青娟（西安三十八中教师，著有《做学生最好的成长导师》）

我们常说，细节是不会骗人的。我们今天的教育常常迷失在宏大叙事之中，而遗忘了生动的细节。恰恰是看似琐屑的教育细节隐藏着教育的秘密。细节叙说着教育的真实。细节里有故事，更有人性。细节处理得越好，我们距离蛮荒就越远。朱永通老师通过描写教育的细节，讲述了教育中发生的小事，彰显了教育的大道。

—— 刘铁芳（湖南师范大学教授、博士生导师）

中国社会和教育都处在从量的扩张到质的提升的历史转型之中。就像一个人的品位往往取决于对生活细节的处理，如何警惕细节中的魔鬼，让细节里常驻着天使，对于高品质的教育十分重要。

邀约读者凝视教育生活的细节、咀嚼教育生命的甘苦、追求教育境界的高远，本书作者成功创造了一次次使人从庸庸碌碌的日常生活中抽离出来认真反思、重构当代教育生态的思想机遇。《教育的细节》娓娓道来、见微知著，是一部生动且深刻的佳作。

——檀传宝（北京师范大学教育学部教授，北京师范大学公民与道德教育研究中心主任）

永通君是我的同事，还是我的老乡、朋友。工作与生活的双重关系，使我得以多方位地感受他的"教育者形象"。

所谓"教育者形象"，自然需要"核心意象"作支撑。在永通君这里，它可能就是"教育的细节"。他以之作为自己第一部原创性专著的名称，应该是有高远的诉求的。

《教育的细节》一书中的诸多篇什，以专栏的形式首发于我所主编的《教师月刊》。所以我有幸成为它们的第一个读者。我时常跟同事们说，像永通这样做书、做媒体，才是正道。在本职工作与阅读之外，永通君把时间和精力都倾注于教育现场：观课，议课，做教育咨询，参与学校规划，主持教育活动，开设教育讲座，为中学生、大学生义务授课……实际上他视之为工作的一部分，他从中发现了诸多有意思的教育细节，发现了诸多"从来都是这样""不这样还能怎样"的细节的吊诡和荒谬之处，并由此生发出去，细细求叩，深入探摸何为好教师、好课堂、好学校。他因此成为一个建设性的教育劳动者。

关注教育的细节，其实就是关注人际交往的细节，关注人的成长的细节，关注人心和人性的细节。在热衷于规模、速度和广场舞的当下，对细节的关注和追问，无疑是一种极为可贵的教育品质和文化追求。

我曾经很"矫情"地思考过一个问题：用什么给人生置顶。不同的人自然有不同的选项。对永通君来说，也许就是关于"教育细节"的社会学建构——当然，这只是就近几年而言——在可以预见的未来，它又会是什么呢？

——林茶居（诗人，《教师月刊》主编）

后记 一本书的重量

这是一本"迟到"的书。

约八年前，我刚出道当策划编辑，就约请了陈兴杰、洪延平等老师主编《优秀班主任99个成功的教育细节》《教师一定要知道的99个健康细节》《优秀父母99个成功的教育细节》等细节系列丛书。当时，我非常希望能找到一位作者，就"教育的细节"撰写一本原创性专著。我邀请了不少教育专家，他们对我的选题，不约而同予以肯定，但皆一一婉拒。我又找了很多一线名师，他们倒是跃跃欲试，但交上来的样章，均无令人眼睛一亮的叙写。在我看来，细节不是一件件事情的简单堆砌，也不是对诸事吹毛求疵，它涵盖了你做事的态度，也涵盖了你对人的温度，更涵盖了你对生活和世界的热度，一句话，它的背后藏着你的情感和价值观。没有合适的作者，宁缺毋滥吧。

没想到，这一耽搁，三四年倏忽即逝。

2011年，我写了《杜郎口的"生意经"与"朱砂丸"》一文，在教师朋友和同行之间流传甚广。不少朋友劝我公开发表此文，我断然拒绝，坚持"三不"原则：不发表，不贴网，不署名。但在与朋友不断碰撞交流的过程中，我突然萌发了亲自操刀写写

"教育的细节"的念头。事非经过不知难。这一写，又四五个年头过去了。

　　这四五年里，我陆续写了五六十篇关于"教育的细节"的随笔。对于异常珍视写作趣味和癖好的我来说，这些篇数无异于"天文数字"。但那些每年至少出版一本教育专著的"高产"作者，还是常常让我在可望而不可即地敬佩之余，为自己的懒散与愚笨，深感惭愧。

　　好在这几年看似漫不经心的写作让我不光享受了思考的乐趣，还收获了弥足珍贵的友情。我几乎每写完一篇文章，就发给朱煜兄、木春兄、建云兄、益民兄、邱磊兄、心想兄等人，向他们讨教。他们总是不厌其烦地认真回应，并不时地鼓励我快点结集出版。尤其是朱煜兄、建云兄，有一段时间催促得我都不好意思了——再金贵的蛋，也无需孕育那么长的时间呀，何况压根不是什么金蛋。

　　事实上，此书的"迟到"，后来的确有我故意为之的成分。我时常想，面对坚硬的现实和漫长的时光，一本书的"重量"简直轻如鸿毛，甚至远远不如。既然如此，出不出版，有何不同？

　　这种悲观的情绪让我无比迷茫。朋友们的催促及时点醒了我：一本书物理意义上的重量，当然无足轻重，但她还有"化学反应"意义上的重量——这些文字早已渗入友情的芳香，并悄无声息地散发出亲情的味道：这么多年来，我的太太不辞辛劳地默默付出，尽管她从不知道有时候我被文字折磨得有多苦；还有我的宝贝女儿，我与她一起成长，更多的时候，是她启蒙了我，教育了我，让我有动笔的冲动。

　　同时，这种"化学反应"意义上的重量，对我的一生而言，有着无穷的意味，毕竟这些文字留下了我这些年真诚思考的一点痕迹。她是我留在这个世界上第一个精神的侧影，我是多么地在意她，我因此编选了三十篇文章（第一本专著，选文三十篇），暗合我的生日（1月30日），以此作为送给自己的特殊礼物——小子，请切记：生命是有重量的。

选入的文章，除《杜郎口的"生意经"与"朱砂丸"》一文，其余均在各类报刊发表过，在此多谢各位编辑的赏识。

本书各辑的插图系青年画家曾弗所作，非常感谢他的智慧付出。

最后，感谢各位专家、教师和编辑赐序、赐评。你们的鼓励，鞭策我继续前行。

朱永通谨记于厦门蓝月湾

2015 年 9 月 19 日修订